अवधूत गीता

AWADHOOT SHRI DATTATREYA
DWARA RACHIT

व्याख्याकार- श्री तरुण प्रधान

Copyright © Vyakhyakar - Shri Tarun Pradhaan
All Rights Reserved.

This book has been self-published with all reasonable efforts taken to make the material error-free by the author. No part of this book shall be used, reproduced in any manner whatsoever without written permission from the author, except in the case of brief quotations embodied in critical articles and reviews.

The Author of this book is solely responsible and liable for its content including but not limited to the views, representations, descriptions, statements, information, opinions and references ["Content"]. The Content of this book shall not constitute or be construed or deemed to reflect the opinion or expression of the Publisher or Editor. Neither the Publisher nor Editor endorse or approve the Content of this book or guarantee the reliability, accuracy or completeness of the Content published herein and do not make any representations or warranties of any kind, express or implied, including but not limited to the implied warranties of merchantability, fitness for a particular purpose. The Publisher and Editor shall not be liable whatsoever for any errors, omissions, whether such errors or omissions result from negligence, accident, or any other cause or claims for loss or damages of any kind, including without limitation, indirect or consequential loss or damage arising out of use, inability to use, or about the reliability, accuracy or sufficiency of the information contained in this book.

Made with ♥ on the Notion Press Platform
www.notionpress.com

अवधूत गीता

अवधूत श्री दत्तात्रेय द्वारा रचित

व्याख्याकार

श्री तरुण प्रधान

संपादक : आदित्य मिश्रा

गुरुर्ब्रह्मा गुरुर्विष्णुर्गुरुर्देवो महेश्वरः

गुरुसाक्षात परब्रह्म तस्मै श्री गुरुवे नमः ।।

ब्रह्मानन्दं परमसुखदं केवलं ज्ञानमूर्तिं

द्वन्द्वातीतं गगनसदृशं तत्वमस्यादिलक्ष्यम् ।।

एकं नित्यं विमलमचलं सर्वधीसाक्षीभूतं

भावातीतं त्रिगुणरहितं सद्गुरुं तं नमामि ।।

समर्पण

समर्पित है

गुरुक्षेत्र का यह सर्वोच्च ज्ञान

सभी साधकों

एवं सत्य के जिज्ञासुओं को

क्रम-सूची

प्रस्तावना

नमस्ते,

मुझे इस विलक्षण गीता का एक नया संस्करण वेब ऐप प्रारूप में प्रस्तुत करते हुए बहुत प्रसन्नता हो रही है। इसका अधिकांश भाग फिर से लिखा गया है और अब यह हिंदी में भी उपलब्ध है।

मैं कई स्रोतों, कई शिक्षकों से ग्रहण करता हूं, और इस महान पाठ की यह व्याख्या केवल मेरी अपनी समझ को व्यक्त करने का एक विनम्र प्रयास है। मेरे द्वारा की गई किसी भी गलती के लिए मैं क्षमाप्रार्थी हूं।

प्रारूप इस प्रकार है - मूल संस्कृत श्लोक के बाद उसकी व्याख्या की जाती है और उसके बाद टिप्पणी आती है। यह एक गीत है, इसलिए इसमें काफी दोहराव है। प्रायः प्रत्येक पद में एक ही पंक्ति दोहराई जाती है। अक्सर एक ही विचार और विवरण सभी जगह दोहराए जाते हैं। मुझे लगता है कि इसका स्मरण आसान बनाने के लिए ऐसा करना जरूरी था। गीत का एक प्रारूप और दोहराव वाली कविता स्मृतिबद्ध करना आसान है, हालांकि, इसकी समझ के बारे में कोई फर्क नहीं पड़ता है, जो प्रत्यक्ष अनुभवों से आती है और श्लोक जिसकी ओर इंगित करते हैं। मैंने कुछ दोहराए जाने वाले वाक्यों को यथावत रखा है, इसलिए नहीं कि वे समझने में सहायता करते हैं बल्कि मूल पाठ की शैली ऐसी है।

मूल पाठ लेखन शैली में बहुत विनम्र है। ऐसा लगता है कि यह एक आम आदमी के लिए लिखा गया था। इससे प्रेरणा लेकर मैंने सरल शब्दों और समसामयिक भाषा का प्रयोग किया है, कुछ भी रहस्यमई या गूढ़ नहीं रखा गया।

मैं पाठकों से आग्रह करता हूं कि न केवल इसका पाठ करें और न ही केवल इसे सुनें, बल्कि शांति से बैठें और प्रत्येक श्लोक पर चिंतन करें। जानिए दत्तात्रेय ऐसा क्यों कह रहे हैं। इसे ध्यान से पढ़ने और आत्मनिरीक्षण करने से आवश्यक अनुभव और ज्ञान प्राप्त होगा।

मैं उन सभी गुरुजनों का आभारी हूं जिनके कारण यह ज्ञान प्रकट हुआ है।

तरुण प्रधान नवंबर २०२१, पुणे, भारत

भूमिका

आध्यात्मिक मार्गों में श्रेष्ठतम ज्ञानमार्ग विलुप्त सा हो गया है । जो शेष है वो भी कुछ आचार्यों और बौद्धिक जनो तक ही सीमित है ।

इस ज्ञान को एक आम साधक तक पहुंचाने का महान कार्य, सद्गुरु श्री तरुण प्रधान जी पिछले कई वर्षों से कर रहे हैं । इसके लिये वे आज के युग के अनुसार संचार साधनो का उपयोग कर, जैसे कि यू ट्यूब में "बोधिवार्ता" वीडियोज के माध्यम से, टेलीग्राम पर आनलाइन "बोधिवार्ता सत्संग" के माध्यम से एवं बोधिट्यूब और एंड्रॉयड एप "ज्ञानमार्ग" में वीडियो और लेखों तथा ज्ञानदीक्षा कार्यक्रम के संचालन द्वारा साधकों तक निरंतर पहुंचने का प्रयास कर रहे हैं ।

उनके सभी कार्य साधकों के कल्याण के लिये हैं जो पूरी तरह से निःशुल्क हैं । उनके योग्य शिष्यों द्वारा भी यूट्यूब, बोधिट्यूब में वीडियोज और टेलीग्राम पर आनलाइन सत्संग द्वारा ज्ञानप्रसार का कार्य किया जा रहा हैं । वर्तमान में साधकों के आग्रह पर आफलाइन सत्संग समारोह भी आयोजित किये जा रहे हैं ।

ज्ञानप्रसार के इसी क्रम में उन्होने भगवान श्री दत्तात्रेय जी की वाणी जो कि संस्कृत भाषा में है, उसकी व्याख्या सम सामयिक सरल हिन्दी भाषा में कर साधकों तक पहुंचाने के लिये वेबसाइट पर प्रकाशित किया था । वही वेब संस्करण अब पुस्तक के रूप में भी प्रकाशित किया जा रहा है । पुस्तक के रूप में इसे प्रकाशित करने का उद्देश्य यह है कि जो लोग इंटरनेट या मोबाइल आदि का उपयोग नहीं जानते या कम करते हैं, उन हांथो तक भी यह ज्ञान पहुंचे और उनका मार्गदर्शन हो सके ।

इसका उद्देश्य यह भी था कि संस्कृत भाषा का ज्ञान न रखने वाले या नये साधकों के मार्गदर्शन में यह पुस्तक सहायक हो सके और एक आम साधक को भी संस्कारित और बीजारोपित किया जा सके । इस व्याख्या में किस संदर्भ में कौन से विशेष शब्द प्रयुक्त किये गये हैं उनका भावार्थ सद्गुरु ने शब्दावली में पहले ही बता दिया है जिन्हे ठीक से समझ लेना आवश्यक है ।

सद्गुरु जगत कल्याण हेतु आते हैं, उनमें इतनी करुणा और प्रेम होता है कि वे सभी के होते हैं, इसीलिए सद्गुरु श्री तरुण प्रधान जी स्वयं का व्यक्तिगत परिचय न देकर अपने आध्यात्मिक कार्यों का परिचय देना ज्यादा महत्वपूर्ण समझते हैं ।

संपादक

शब्दावली

नीचे कुछ संस्कृत शब्द और उनके अर्थ हैं जो इस शास्त्र में प्रायः उपयोग में आते हैं ।

आत्मन : अनुभवकर्ता, साक्षी, द्रष्टा या शून्यता, जो सभी अनुभवों का अनुभवकर्ता है, मेरा तत्व है । जैसा कि अद्वैत वेदांत में उल्लेख किया गया है ।

शिवम : शिव आत्मन का समानार्थी । जैसा कि शैव दर्शन में वर्णित है ।

पुरुष : आत्मन का समानार्थी जैसा कि सांख्य में वर्णित है ।

ब्रह्मन : अस्तित्व, संपूर्णता, समग्रता जो कुछ भी है, सब कुछ एक साथ एकता के रूप में लिया जाता है, वह सब जो अस्तित्व में है ज्ञात अज्ञात और अज्ञेय । आत्मन ही ब्रह्मन है ।

ईश्वर : प्रकट अस्तित्व । वह सब जो अनुभव किया जा सकता है । जैसा कि वेदांत में उल्लेख किया गया है । विश्वचित । शक्ति या देवी, जैसा शैव या तंत्र मार्ग में मिलता है ।

शक्ति : ईश्वर के समान, वह ऊर्जा जो रचना करती है । जैसा कि शैव दर्शन में वर्णित है ।

प्रकृति : जो प्रकट है । सृष्टि । जैसा कि सांख्य में वर्णित है ।

चित : स्मृति या परतीय नाद रचना, संस्कारों का संग्रह, जहां ज्ञान के साथ-साथ अज्ञान स्मृति या छाप के रूप में रहता है ।

जीव : चित का वह भाग जो भौतिक शरीर से संबंधित है और जो जन्म मरण के चक्र में है ।

मन : मनस, चित का वह भाग जो सोचता है । विचार करने की योग्यता ।

बुद्धि : चित का वह भाग जिसमें ज्ञान, तर्क, समझ, विवेक, कलाओं आदि की योग्यता है ।

इंद्रिय : चित का वह भाग जो जगत का या मनोशरीर के अनुभव का माध्यम है ।

तत्व : सार, सत्य, वास्तविकता । जो कभी नहीं बदलता ।

निरंतर : शाश्वत, जो बिना अंत या आरंभ के चलता रहता है ।

निराकार : जिसका आकार न हो, अप्रकट ।

निरंजन : साफ, कोई अशुद्धता न हो ।

निर्मल : अशुद्धियों से मुक्त । गुणरहित ।

शुद्ध : गुणरहित । अनुपलब्धि । ये शब्द केवल अनुपस्थिति, खालीपन की ओर संकेत करते हैं ।

1

अध्याय १

अथ प्रथमोऽध्यायः

अवधूत उवाच

ईश्वरानुग्रहादेव पुंसामद्वैतवासना ।

महद्भयपरित्राणाद्विप्राणामुपजायते ।।१।।

ईश्वर की कृपा से मनुष्य में अद्वैत का ज्ञान प्राप्त करने की इच्छा उत्पन्न होती है, जो उन्हें बड़े से बड़े भय से मुक्ति दिलाती है।

ईश्वर प्रकट अस्तित्व या विश्वस्मृति है। इस स्मृति में मनुष्य एक नन्ही परछाई है, जो अधिकतर जीवित रहने के खेल में लगा रहता है। महाभय मृत्यु का भय है। इसका अर्थ अज्ञात का भय भी हो सकता है, जिसमें सबसे बड़ा अज्ञात मृत्यु है। अद्वैत का अर्थ है कि अस्तित्व में कोई विभाजन नहीं है, अस्तित्व संपूर्ण और एक है, अनुभव और अनुभवकर्ता के दो पहलू वास्तव में एक हैं।

एक सामान्य व्यक्ति इस ज्ञान को प्राप्त करने की इच्छा या निर्णय नहीं ले सकता, वह पूरी तरह से अज्ञानता में आच्छादित है, और जब वह आध्यात्मिक रूप से एक निश्चित स्तर तक विकसित होता है, तो ज्ञान की इच्छा अपने आप जागृत होती है। यह घटना, जो चमत्कारी प्रतीत होती है, कृपा कहलाती है। कोई कर्ता नहीं , ऐसा स्वयमेव होता है।

येनेदं पूरितं सर्वमात्मनैवाअत्मनात्मनि ।

निराकारं कथं वन्दे ह्यभिन्नं शिवमव्ययम् ।।२।।

मैं उस शिव को कैसे नमस्कार कर सकता हूं जो मैं स्वयं हूँ, जो निराकार, पूर्ण, अविभाजित है, सभी का सार है, और जो सर्वव्यापी है और सभी प्राणियों में व्याप्त है?

शिव अद्वैत अस्तित्व/साक्षी/शून्यता है जो हम सभी का सत्य स्वरूप है। यह अनुभवकर्ता है। मेरा ही तत्व है। यदि मैं वह हूं, तो मैं स्वयं की कैसे वंदना करूँ?

अपने तत्व को परमसत्य जानने के बाद मुझे किसी की पूजा करने की आवश्यकता नहीं महसूस होती। इस प्रकार अद्वैत का ज्ञान साधक को समाज द्वारा उन पर थोपे गए हठधर्मिता और अंधविश्वास से मुक्त करता है, जहां अधिकांश लोग अज्ञानी पैदा होते हैं और अज्ञानी ही रहते हैं।

पञ्चभूतात्मकं विश्वं मरीचिजलसन्निभम् ।
कस्याप्यहो नमस्कुर्यामहमेको निरञ्जनः ।। ३।।

पांच तत्वों से रचा भौतिक जगत एक मृगमरीचिका है। मैं ही परम पावन रूप में विद्यमान हूँ।

अब मुझे किसके समक्ष झुकना चाहिए?

किसी भी चीज की पूजा करने या किसी का आह्वान करने का कोई अर्थ नहीं है यदि सब कुछ मैं ही हूं - सबसे मौलिक और शुद्ध सत्य।

जो कुछ भी अनुभव किया जा सकता है या परिवर्तनशील है वह भ्रम है, वे केवल रूप और नाम हैं। जगत मिथ्या है, यह एक आभासी रूप है जैसे रेगिस्तान में पानी का भ्रम, चितनिर्मित छवियां। एकमात्र सत्य वह है, जो इस माया का साक्षी है। वो साक्षी मैं ही हूँ।

आत्मैव केवलं सर्वं भेदाभेदो न विद्यते ।
अस्ति नास्ति कथं ब्रूयां विस्मयः प्रतिभाति मे ।। ४।।

आत्मन ही सम्पूर्ण अस्तित्व है, इस अस्तित्व में भेद या समानताएं नहीं हैं। मैं आश्चर्य से भर जाता हूं, कैसे कहूं कि यह है भी या नहीं?

जगत आदि का ज्ञान बुद्धि द्वारा अनुभव को विभाजित करने पर ही होता है, आत्मन या अनुभवकर्ता पर यह विभाजनक्रिया विफल हो जाती है। वहाँ कुछ भी नहीं है जिसका विश्लेषण किया जा सकता है, विभेदित किया जा सकता है या किसी अन्य चीज़ के साथ तुलना की जा सकती है।

बुद्धि के दृष्टिकोण से आत्मन शून्य है, यह उसकी समझ से परे है, क्योंकि यह किसी वस्तु या विचार के रूप में नहीं है। संपूर्ण अस्तित्व और कुछ नहीं बल्कि यह एक आत्मन है। इसका ज्ञान आत्मन होकर ही होता है, इसके अनुभव से नहीं। मैं यही आत्मन हूँ।

वेदान्तसारसर्वस्वं ज्ञानं विज्ञानमेव च ।
अहमात्मा निराकारः सर्वव्यापी स्वभावतः ।। ५।।

वेदांत दर्शन, सभी ज्ञान और विज्ञान का सार यह है कि आत्मन स्वभावतः सर्वव्यापी और निराकार है।

आत्मन का ज्ञान कोई नई बात नहीं है, यह इतिहास जितना ही पुराना है। मैं आत्मन हूं, अद्वैत अनुभवकर्ता हूं, और मैं ही संपूर्ण अस्तित्व हूं, यही ज्ञान सभी दर्शनों और विज्ञानों का आधार है।

यो वै सर्वात्मको देवो निष्कलो गगनोपमः ।

स्वभावनिर्मलः शुद्धः स एवायं न संशयः ।। ६।।

इसमें कोई संदेह नहीं है कि सार्वभौमिक आत्मन स्वभाव से बहुत ही शुद्ध, निष्कलंक, स्वप्रकाशित और एक है, बिल्कुल साफ आकाश की तरह।

आत्मन शुद्ध है, इसमें कोई सामग्री या निशान/गुण नहीं हैं जिसे देखा या छुपाया जा सकता है।यह हमारा इसका प्रत्यक्ष अनुभव है। इसलिए शुद्धता ये शब्द इसका सबसे अच्छा वर्णन है।

यह शून्य के रूप में विद्यमान है, यह सभी अनुभवों को प्राप्त करता है और फिर भी उनसे अप्रभावित रहता है। जैसे वस्तुओं को रखने या उसमें से हटाने पर खाली स्थान दूषित नहीं होता।

वह स्वप्रकाशित है अर्थात स्वयं का ज्ञान स्वयं होकर ही होता है और वस्तुओं आदि का ज्ञान भी उसी के कारण संभव है, जैसे तेज धूप हर चीज पर चमकती है और हर वस्तु को प्रकाशित करती है, वैसे ही सभी अनुभव अनुभवकर्ता के प्रकाश में प्रकट होते हैं। उसके बिना अनुभव की कल्पना भी संभव नहीं।

इसके कोई टुकड़े/भाग नहीं हैं, यह एक है, जैसे हर जगह एक ही आकाश दिखाई देता है, सभी प्राणी एक ही आत्मन को "देखते" हैं। यहाँ देखने का अर्थ है होना। मैं आत्मन हूँ यह ज्ञान ही आत्मदर्शन है और आत्मन हो जाना भी है।

अहमेवाव्ययोऽनन्तः शुद्धविज्ञानविग्रहः ।

सुखं दुःखं न जानामि कथं कस्यापि वर्तते ।। ७।।

मैं, आत्मन, शुद्ध, अविनाशी, अनंत हूँ, अविभाजित निरंतरता हूँ और मैं ही शुद्ध ज्ञान हूँ। सुख-दुःख नहीं जानता, उनके बारे में अब क्या कहें?

आत्मन शून्य है, इसलिए नष्ट नहीं किया जा सकता, यहाँ नष्ट होने के लिए कुछ नहीं। शून्य होने के कारण यह किसी भी तरह से सीमित नहीं है, यह अनंत है। वास्तव में आत्मन ही एकमात्र ऐसा है जिसकी कल्पना अनंत के रूप में की जा सकती है, क्योंकि यहाँ वो सारे विरोधाभास नहीं है जो किसी वस्तु को अनंत कहने पर प्रकट हो जाते हैं। वस्तुएं अनंत नहीं हो सकती , शून्य अनंत हो सकता है, शून्याकाश की भांति।

वह अपने आप को और सब कुछ अपने द्वारा जानता है, यह उसका अपना प्रकाश है। द्वैत गुण उदा. सुख-दुःख आदि मानसिक क्रियाएँ हैं, आत्मन अद्वैत है, कोई विरोध नहीं है, कोई गुण नहीं है। मैं आत्मन हूं, मानसिक गतिविधियों से मेरा कोई लेना-देना नहीं है, मैं उन्हें आनंदावस्था में आते और जाते हुए देखता हूं।

न मानसं कर्म शुभाशुभं मे

न कायिकं कर्म शुभाशुभं मे ।

न वाचिकं कर्म शुभाशुभं मे

ज्ञानामृतं शुद्धमतीन्द्रियोऽहम् ।।८।।

मैं कोई चित्तवृत्ति नहीं, न अच्छी न ही बुरी। कोई शारीरिक और मौखिक क्रिया भी नहीं, न अच्छा और न ही बुरा। मैं ज्ञान का सार हूँ, शुद्धतम और इंद्रियों से परे हूं।

आत्मन यह शब्द व्यक्ति के अर्थ में नहीं प्रयुक्त होता। वस्तुओं, मन, शरीर आदि में अच्छे या बुरे गुण होते हैं, आत्मन में नहीं।आत्मन को इन्द्रियों द्वारा नहीं जाना जाता है। यह उन इंद्रियों और संवेदनाओं को प्रकाशित करता है जो इन्द्रियां उत्पन्न करती हैं। इस प्रकार मैं किसी भी प्रकार की इंद्रियों से परे हूं।

मनो वै गगनाकारं मनो वै सर्वतोमुखम् ।

मनोऽतीतं मनः सर्वं न मनः परमार्थतः ।।९।।

चित्त विशाल है। चित्त बहुआयामी है। चित्त समय है या अतीत है। जो कुछ भी प्रकट होता है वह चित्त है। यद्यपि , यदि परम दृष्टिकोण से देखा जाए, तो कोई चित्त नहीं है। वो माया है।

यहाँ मन और चित्त समानार्थी हैं। चित्त नाद, स्मृति और प्रक्रियाओं के रूप में अनुभव किया जा सकता है, परिवर्तनशील है और इसलिए केवल एक भ्रम है। यद्यपि यह विशाल है, विराट है, और यह अस्तित्व का एकमात्र प्रकट रूप है, फिर भी पूर्ण अर्थों में, यह मिथ्या है जो वास्तव में शून्य है, माया है।

मैं, आत्मन ही एकमात्र सत्य है, क्योंकि केवल मेरा स्वतंत्र अस्तित्व है।

अहमेकमिदं सर्वं व्योमातीतं निरन्तरम् ।

पश्यामि कथमात्मानं प्रत्यक्षं वा तिरोहितम् ।। १०।।

केवल मेरा ही अस्तित्व है। मैं आकाश से परे, अखंड और निरंतर हूं। आत्मन को प्रत्यक्ष या परोक्ष रूप से कैसे जाना जा सकता है?

आत्मन स्वयं अनुभवकर्ता है, इसे किसी वस्तु के रूप में अनुभव नहीं किया जा सकता, यह विषय वस्तुओं के परे है। वस्तुएँ सीमित हैं, आत्मन नहीं। वस्तुओं की सीमाएँ या भाग होते हैं, आत्मन संपूर्णता है। इसे प्रत्यक्ष रूप से नहीं देखा जा

सकता है और अप्रत्यक्ष रूप से इसका अनुमान नहीं लगाया जा सकता है, यह एक स्वयंसिद्ध सत्य है।

त्वमेवमेकं हि कथं न बुध्यसे

समं हि सर्वेषु विमृष्टमव्ययम् ।

सदोदितोऽसि त्वमखण्डितः प्रभो

दिवा च नक्तं च कथं हि मन्यसे ।। ११।।

आप यह क्यों नहीं समझते कि आप/आत्मन, एक हैं। यह सभी में एक ही है। यह नित्य है, सदा दीप्त है, निरंतर है। आप कैसे कह सकते हैं कि यह दिन और रात की तरह बदलता रहता है?

दत्तात्रेय यहां अपने छात्रों से जवाबी सवाल कर रहे हैं। शायद उन्हें इस बात का अंदेशा है कि आत्मन हर किसी में अलग होता है और आता जाता है।

आत्मन ही एक है जो परिवर्तनहीन है, सारा परिवर्तन आत्मन की पृष्ठभूमि में होता है। ठीक वैसे ही जैसे कोई फिल्म अपरिवर्तनशील पर्दे पर होती है। सभी अनुभव आते हैं और चले जाते हैं, बदलते हैं, मैं सदा इन परिवर्तनों का एक अपरिवर्तनीय साक्षी रहता हूं। जो रह जाता है वो मैं हूँ , जो आता जाता है वो मैं नहीं।

आत्मननं सततं विद्धि सर्वत्रैकं निरन्तरम् ।

अहं ध्याता परं ध्येयमखण्डं खण्ड्यते कथम् ।। १२।।

आत्मन को निरंतर, हर जगह एक, अखंड और परिवर्तनहीन के रूप में जानो। आप अपने आप को, अविभाज्य आत्मन को, ध्यानी और ध्यान की वस्तु में कैसे बांट सकते हैं?

आत्मन किसी के ध्यान का विषय नहीं बन सकता, यह वह है जो ध्यान के दौरान ध्यान करने वाले और ध्यानविषय दोनों का साक्षी है।

इसलिए ध्यान द्वारा कोई आत्मन को नहीं जान सकता या ध्यान के माध्यम से आत्म-साक्षात्कार नहीं हो सकता। ध्यान केवल एक उपकरण है जो मन को शांत और अनुशासित करता है ताकि आत्मप्रकाश बिना किसी अवरोध के जाना जा सके।

न जातो न मृतोऽसि त्वं न ते देहः कदाचन ।

सर्वं ब्रह्मेति विख्यातं ब्रवीति बहुधा श्रुतिः ।। १३।।

आप कभी शरीर नहीं थे, आपकी न मृत्यु होती है न जन्म होता है। प्रसिद्ध शास्त्र अक्सर कहते हैं - सब कुछ ब्रह्मन है।

वह जो सम्पूर्ण है - ब्रह्मन है, और वही आत्मन है, वही मेरे सत्य स्वरूप के रूप में जाना जाता है। शरीर मात्र अनुभव हैं जो आते हैं और जाते हैं। सभी अनुभव अनित्य हैं। अगर किसी चीज का अनुभव किया जा सकता है, तो यह निश्चित होता है कि वह नहीं रहेगी।

आत्मन ही एकमात्र ऐसा है जो स्थायी है, क्योंकि यह कभी नहीं बदलता है। इसका कोई आदि और कोई अंत नहीं है, यह शून्यता है। शून्यता का शुरू होना, बदलना या अंत होना संभव नहीं है। यह कोई वस्तु नहीं है, इसलिए जन्म नहीं ले सकता, मर नहीं सकता।

स बाह्याभ्यन्तरोऽसि त्वं शिवः सर्वत्र सर्वदा ।

इतस्ततः कथं भ्रान्तः प्रधावसि पिशाचवत् ।। १४।।

आंतरिक रूप से या बाहरी रूप से, आप हर जगह और हर समय सिर्फ आत्मन ही हैं। आप पिशाच की तरह इधर-उधर भ्रम में क्यों भाग रहे हैं?

दत्तात्रेय बाहरी शरीर/जगत और आंतरिक मन के काल्पनिक विभाजन पर टिप्पणी कर रहे हैं। लोग वस्तुओं या स्थानों में सत्य को खोजने के लिए बहुत प्रयास करते हैं, जबकि सत्य ठीक यहीं इसी समय उनके सामने है। आप ही वो सत्य हैं , जिसको इधर उधर खोज रहे हैं।

संयोगश्च वियोगश्च वर्तते न च ते न मे ।

न त्वं नाहं जगन्नेदं सर्वमात्मैव केवलम् ।। १५।।

योग या वियोग मुझमें या आप में नहीं है। सब कुछ एक आत्मन है। आप और मैं या ये जगत भिन्न नहीं है।

योग प्राप्त नहीं किया जा सकता। केवल विभाजन का भ्रम देखा जा सकता है, जो वास्तव में वहां नहीं है। एक का अनेक में विभाजन चित्तवृत्ति है, और इसलिए जब इस वृत्ति का त्याग किया जाता है , वो एकता या योग जो पहले से है, प्रकट होता है। जो योग मार्ग द्वारा वर्षों में संभव नहीं है, वो ज्ञान द्वारा कुछ क्षणों में देखा जा सकता है।

शब्दादिगञ्चकस्यास्र नैतानि त्वं न ते पुनः।

त्वमेव परमं तत्त्वमतः किं परितप्यसे ।। १५।।

आप पांच इंद्रियों के विषय नहीं हैं, जैसे ध्वनि आदि। आप, आत्मन, मौलिक हैं, एकमात्र सत्य हैं। अब आप क्यों दुःख में लिप्त हैं?

आत्मन को इंद्रियों के अनुभवों से नहीं पाया जा सकता, इसे ध्वनि या प्रकाश आदि के रूप में मानना या खोजना मूर्खता है।

• 6 •

दुख का संबंध शरीर और मन से है, जो कि इंद्रियों के विषय हैं, आत्मन को कोई सुख दुःख नहीं हो सकता। आत्मन सभी दुखों और सुखों का साक्षी मात्र है। शरीर या मन के बजाय आत्मन के साथ तादात्म्य हमें सभी दुखों से तुरंत मुक्त कर देता है।

जन्म मृत्युर्न ते चित्तं बन्धमोक्षौ शुभाशुभौ ।

कथं रोदिषि रे वत्स नामरूपं न ते न मे ।। १७।।

आपके लिए कोई जन्म या मृत्यु नहीं है, और आप बंधे या मुक्त नहीं हैं। आप चित्त नहीं हैं। आप अच्छे या बुरे नहीं हैं। क्यों रोते हो पुत्र? तुम और मैं दोनों कोई रूप या नाम नहीं हैं।

एक विवेकशील व्यक्ति चित्तनिर्मित रूपों और नामों के भ्रम को गंभीरता से नहीं लेता है। आत्मन के साथ शरीर और मन की संगति या पहचान दुख का कारण है।

मैं बाध्य नहीं हो सकता और इसलिए मुक्त नहीं हो सकता। मेरे लिए कोई मोक्ष नहीं है, मैं हमेशा स्वतंत्र हूं। मुझमें न कुछ शुभ है और न कुछ अशुभ, ऐसी मान्यताएं अज्ञानी लोगों का अंधविश्वास है।

अहो चित्त कथं भ्रान्तः प्रधावसि पिशाचवत् ।

अभिन्नं पश्य चात्मानं रागत्यागात्सुखी भव ।। १८।।

तुम्हारा मन पिशाचवत यहाँ वहाँ क्यों भाग रहा है? देखें कि आप आत्मन से अलग नहीं हैं, मोह छोड़ दें और सुखी रहें।

मन और शरीर से अनासक्ति चिरस्थायी सुख और आनंद की कुंजी है। स्वयं को आत्मन के रूप में जानने से वस्तुओं से वैराग्य उत्पन्न होता है और साधक को कष्टों से मुक्ति मिलती है।

त्वमेव तत्त्वं हि विकारवर्जितं

निष्कम्पमेकं हि विमोक्षविग्रहम् ।

न ते च रागो ह्यथवा विरागः

कथं हि सन्तप्यसि कामकामतः ।। १९।।

आपका तत्व परिवर्तनीय नहीं है। इसे हिलाया नहीं जा सकता, जोड़ा या विघटित नहीं किया जा सकता है। आपको कभी कोई लगाव या द्वेष नहीं था। आप इन सभी आनी जानी इच्छाओं के कारण क्यों पीड़ित हैं?

आत्मन कोई वस्तु नहीं है, यह सभी वस्तुओं का साक्षी है, इसलिए यह किसी भी प्रकार के दोषों से मुक्त है। आत्मन की कोई इच्छा नहीं है, वे मन में हैं, और इसलिए त्याग के योग्य है , मिथ्या हैं। यह ज्ञान होते ही दुख मिट जाता है, वह

कभी था ही नहीं।

वदन्ति श्रुतयः सर्वाः निर्गुणं शुद्धमव्ययम् ।
अशरीरं समं तत्त्वं तन्मां विद्धि न संशयः ।। २० ।।

जैसा कि सभी शास्त्र कहते हैं, आत्मन शुद्ध है, किसी भी गुण या दोष से रहित है। इसका कोई शरीर या रूप नहीं है, यह एकमात्र सत्य है। इसमें कोई संशय नहीं कि मैं वही आत्मन हूं।

मेरा कभी शरीर नहीं था, न ही यह शरीर मेरा है। शरीर वस्तु हैं और मैं उसका साक्षी हूं। यह ज्ञान कई युगों पुराना है और शास्त्रों में अच्छी तरह से प्रलेखित है। मुझमें कोई गुण नहीं है, क्योंकि वे आ सकते हैं और जा सकते हैं, लेकिन मैं कभी आता-जाता नहीं हूं, मैं अपरिवर्तनशील सत्य हूं।

साकारमनृतं विद्धि निराकारं निरन्तरम् ।
एतत्तत्त्वोपदेशेन न पुनर्भवसम्भवः ।। २१ ।।

जानो कि जिसका रूप है वह परिवर्तनशील होने के कारण आभासी है, एक भ्रम है। निराकार शाश्वत और सत्य है। एक बार जब आप इस शिक्षा को समझ लेते हैं, तो पुनर्जन्म असंभव हो जाएगा।

मृत्यु और जन्म का चक्र इस अज्ञान के कारण होता है कि शरीर और संसार का वास्तविक अस्तित्व है। एक बार उनके रूप में देखने के बाद, चित्त मानव रूप लेने के बंधन से मुक्त हो जाता है।

एकमेव समं तत्त्वं वदन्ति हि विपश्चितः ।
रागत्यागात्पुनश्चित्तमेकानेकं न विद्यते ।। २२ ।।

ज्ञानी कहते हैं कि सत्य अद्वैत है, सब एक ही है। चित्त जब विरक्त हो जाता है, तब एकता में विभाजन नहीं जाना जाता।

अद्वैत या एकता एक ऐसी स्थिति है जहां चित्त सम्पूर्णता को अनेकता में विभाजित करने की अपनी गतिविधि को रोकता है, जहां वास्तव में कोई विभाजन नहीं होता है।

इसे "पृथक्करण" (दूरी या अलगाव) को परिभाषित करके बहुत आसानी से देखा जा सकता है और फिर यह साबित करने का प्रयास किया जा सकता है कि अनुभव और अनुभवकर्ता पृथक हैं। कोई भी ऐसा करने में असफल होगा, अलगाव केवल एक विचार, चित्तनिर्मित कल्पना, एक निराधार विश्वास है, यही ज्ञान होता है।

अनात्मरूपं च कथं समाधि-
रात्मस्वरूपं च कथं समाधिः ।

अस्तीति नास्तीति कथं समाधि-

र्मोक्षस्वरूपं यदि सर्वमेकम् ।। २३।।

जो आत्मन नहीं है वह समाधि में कैसे हो सकता है? जो पहले से ही आत्मन है वह समाधि में कैसे हो सकता है? जो सदा एक है और मुक्त है, है भी और नहीं भी है, समाधि में कैसे हो सकती है?

समाधि - चित्त की विलीनता या अद्वैत अवस्था में होना। यह चित्त की स्थिति है। दत्तात्रेय को संदेह है कि क्या यह तार्किक रूप से संभव है? यदि सब कुछ आत्मन है, तो क्या चित्त सहित सब कुछ पहले से ही समाधि की स्थिति में नहीं है? जब मैं चित्त नहीं हूं तो क्या उसको समाधि में लगाने का कोई अर्थ है? पहली बात - कुछ भी मुझसे अलग नहीं है।

आत्मन अद्वैत ब्रह्मन के अलावा कुछ भी नहीं , इन शब्दों का मतलब एक ही है, और यह चित्त की अवस्थाओं से परे है। इसलिए समाधि जैसी विशेष मानसिक अवस्थाओं की खोज में अपना जीवन बर्बाद करने का कोई अर्थ नहीं। मैं सदा मुक्त हूँ और सदा रहूँगा , इस प्रकार समाधी अवस्था का मुक्ति से कोई संबंध नहीं।

विशुद्धोऽसि समं तत्त्वं विदेहस्त्वमजोऽव्ययः ।

जानामीह न जानामीत्यात्मानं मन्यसे कथम् ।। २४।।

मैं स्वयं विदेह, निराकार, अपरिवर्तनशील शुद्ध सत्य आत्मन हूँ। आप कैसे कह सकते हैं कि मैं आत्मन को जानता हूं या मैं इसे नहीं जानता?

आत्मन का प्रमाण आवश्यक नहीं है, यह मैं ही हूँ। इसके होने या न होने के बारे में जो विचार मन में हैं, वो अर्थहीन हैं। बुद्धि सीमित है, आत्मन के बारे में कुछ नहीं जान सकती। मैं यहां हूं और अभी हूं, यह स्वयं सिद्ध है, यहां किसी भी तर्क की कोई गुंजाइश नहीं है। अज्ञानी इसके होने न होने पर विवाद करते हैं।

तत्त्वमस्यादिवाक्येन स्वात्मा हि प्रतिपादितः ।

नेति नेति श्रुतिर्ब्रूयादनृतं पाञ्चभौतिकम् ।। २५।।

जैसा कि शास्त्र कहते हैं, "मैं वह हूं" (तत त्वम असि) और ऐसे महावाक्य आत्मन के सत्य को स्थापित करते हैं। जैसा कि वे कहते हैं - वह पञ्चतत्त्वों से नहीं बना है, "यह नहीं, वह भी नहीं"।

नेति-नेति यह जानने का प्रसिद्ध तरीका है कि मैं आत्मन हूं, जो कुछ भी अनुभव किया जा सकता है उसे "यह मैं नहीं" मैं इस अनुभव का अनुभवकर्ता हूं, ऐसा जानकर और सभी अनुभवों को त्यागकर अंत में जो अनुभवकर्ता रह जाता है, वही मैं हूँ। यह बहुत सीधी विधि है और इस सत्य को अपरोक्ष रूप से स्थापित करती है। अनेक प्राचीन शास्त्रों और महान आचार्यों की यही शिक्षा है। पारंपरिक

• ९ •

ज्ञानमार्ग में वेदों या उपनिषदों को प्रमाण के रूप में लिया जाता है।

आत्मन्येवात्मना सर्वं त्वया पूर्णं निरन्तरम् ।

ध्याता ध्यानं न ते चित्तं निर्लज्जं ध्यायते कथम् ।। २६।।

आप आत्मन हैं और सब कुछ आत्मन ही है, जो असीमित पूर्ण और अखंड है। आप न तो ध्यानी हैं और न ही ध्यान के विषय। फिर यह बेशर्म मन क्यों ध्यान करता रहता है?

कोई आत्मन को ध्यान के माध्यम से नहीं जान सकता, क्योंकि यह आत्मन ही है जो ध्यानी और ध्यानविषय दोनों का साक्षी है। यही मैं हूँ, मैं चित्त नहीं जो इसे जानने का प्रयास कर रहा है।

एक बार जब सत्य का अनुभव हो जाता है, जो कि मैं आत्मन हूं और यही सबकुछ है, तो ध्यान करने की कोई आवश्यकता नहीं है। ऐसा करना शर्म की बात है क्योंकि इसका अर्थ है कि ध्यानी अभी भी अज्ञानी है।

शिवं न जानामि कथं वदामि

शिवं न जानामि कथं भजामि ।

अहं शिवश्चेत्परमार्थतत्त्वं

समस्वरूपं गगनोपमं च ।। २७।।

मैं नहीं जानता कि आत्मन (शिव) क्या है, मैं इसके बारे में बात भी कैसे कर सकता हूं या इसकी पूजा कैसे कर सकता हूं? मैं स्वयं आकाश या खाली स्थान की तरह हूं, मैं आत्मन हूँ शून्य हूँ। यही परम सत्य है।

ज्ञान बुद्धि के क्षेत्र में आता है, लेकिन बुद्धि द्वारा ज्ञाता को नहीं जाना जा सकता, जैसे वो अन्य वस्तुओं को समझती है, वैसे नहीं समझा जा सकता। सब कुछ आत्मन की पृष्ठभूमि पर होता है। सारे ज्ञान का साक्षी आत्मन है।

नाहं तत्त्वं समं तत्त्वं कल्पनाहेतुवर्जितम् ।

ग्राह्यग्राहकनिर्मुक्तं स्वसंवेद्यं कथं भवेत् ।। २८।।

मैं कोई व्यक्ति नहीं हूं, अहंकार नहीं, क्योंकि मैं सभी प्राणियों में हर जगह समान हूं, सभी में अलग नहीं हूं। मैं काल्पनिक नहीं हूं। जो विषय-वस्तु के संबंध से मुक्त है, जो स्वयं प्रकाशित है, वह अहंकार या व्यक्ति कैसे हो सकता है?

ग्राहक और ग्राह्य या विषय और वस्तु, वे केवल अनुभव हैं, मैं उनका अनुभवकर्ता हूं। मैं वह नहीं हूं जिसे व्यक्ति, या अहंकार या अहम् कहा जाता है, क्योंकि मैं सार्वभौमिक सत्य हूं, केवल एक ही हूँ और सभी में समान हूं। व्यक्ति या अहंकार केवल एक विचार, एक भ्रम या कल्पना है। कल्पना का अनुभव करने वाला काल्पनिक नहीं हो सकता।

अनन्तरूपं न हि वस्तु किंचि-
तत्त्वस्वरूपं न हि वस्तु किंचित् ।
आत्मैकरूपं परमार्थतत्त्वं
न हिंसको वापि न चाप्यहिंसा ।। २९।।

कोई वस्तु अनंत नहीं है, किसी वस्तु की कोई वास्तविकता नहीं है। केवल आत्मन ही परम सत्य है। इसे न तो नष्ट किया जा सकता है और नये कुछ नष्ट कर सकता है।

केवल जो शून्य है वही अनंत हो सकता है। वस्तुएं अनुभव मात्र हैं , माया हैं। सभी वस्तुएं सीमित हैं, और इसलिए मैं कोई वस्तु नहीं हूं, क्योंकि मैं स्थानहीन समयहीन शून्यता हूं। सारी सृष्टि और विनाश अनंत आत्मन की पृष्ठभूमि पर होता है। यह न तो सृजन करता है और न ही विनाश करता है, इसमें कोई ऐसी प्रक्रिया या वृत्ति नहीं है, यह सभी अनुभवों का एक मूक साक्षी है, चाहे हम उन्हें सृजन कहें या विनाश।

एक अनुभव दूसरे में बदल जाता है, एक वस्तु दूसरे में बदल जाती है, एक रूप दूसरे में बदल जाता है, बस यही हम देखते हैं। चित्त तब अनुभव को उसकी मान्यता के अनुसार सृजन या विनाश के रूप में विभाजित करता है।

विशुद्धोऽसि समं तत्त्वं विदेहमजमव्ययम् ।
विभ्रमं कथमात्मार्थे विभ्रान्तोऽहं कथं पुनः ।। ३०।।

मैं शुद्ध, निराकार, अजन्मा, अविनाशी, अंशहीन और एकमात्र सत्य हूँ। इस आत्मन के बारे में कोई भ्रम कैसे हो सकता है? यह जानने के बाद मैं फिर कभी कैसे भ्रमित हो सकता हूँ?

आत्मन स्वयं सिद्ध है, एक बार यह ज्ञान हो जाने पर इस पर संदेह करना असंभव है। गर्म तवे को केवल एक बार छूने की जरूरत है, यह जानने के लिए कि यह गर्म है। यह कैसे संभव है कि मैं जो हूं उसे भूल जाऊं? यदि विस्मृति हो रही है, तो इसका अर्थ केवल यह हो सकता है कि आत्मज्ञान कभी हुआ ही नहीं।

घटे भिन्ने घटाकाशं सुलीनं भेदवर्जितम् ।
शिवेन मनसा शुद्धो न भेदः प्रतिभाति मे ।। ३१।।

एक बार मिट्टी का घड़ा टूट जाने पर उसके अंदर के स्थान को उसके आस-पास के स्थान से अलग नहीं किया जा सकता है। एक बार जब मन अज्ञान से शुद्ध हो जाता है, तो मैं मन और आत्मन के बीच कोई अंतर नहीं देख सकता।

मन और आत्मन एक ही हैं। विभाजन मिथ्या है।

न घटो न घटाकाशो न जीवो न जीवविग्रहः ।

केवलं ब्रह्म संविदिध वेद्यवेदकवर्जितम् ।। ३२।।

अंत में न तो मिट्टी का घड़ा है और न ही घड़े में आकाश (खाली स्थान) है। इसी तरह, न कोई जीव है न व्यक्ति है। जान लें कि केवल एकसम ब्रह्मन है, अनुभव और अनुभवकर्ता का कोई विभाजन नहीं है।

सम्पूर्णता है - पूर्णता, ब्रह्मन, जिसमे कोई खंड या विभाजन नहीं है। मिट्टी का घड़ा एक भ्रामक संरचना है जिसे चित्त ने संभावनाओं की अनंत पृष्ठभूमि से रचा है।

इसमें जो स्थान है वह भी चित्तनिर्मित कल्पना है, जो वास्तव में अपने आस-पास के स्थान से भिन्न नहीं है। इस उपमा से यह ज्ञान होता है कि जीव ही ब्रह्मन है। या जीव अस्तित्व का मिथ्यारूप है। ब्रह्मन स्वयं जीवरूप में स्वयं को प्रतीत होता है।

सर्वत्र सर्वदा सर्वमात्मानं सततं ध्रुवम् ।
सर्वं शून्यमशून्यं च तन्मां विद्धि न संशयः ।। ३३।।

आत्मन ही सब कुछ है, यह सर्वव्यापी समयहीन अनादि अनंत है। यह है भी और नहीं भी, इसे जानें, इसमें कोई संदेह नहीं है।

चित्त के दृष्टिकोण से, आत्मन शून्य के रूप है, जिसमें कोई भौतिक या मानसिक गुण नहीं होते हैं, यद्यपि, यही सबकुछ है, क्योंकि इसके अलावा कोई अन्य सत्य नहीं है, जो दिखाई देता है वह सब माया है। यह अपरोक्ष अनुभव और तर्क से स्थापित है।

वेदा न लोका न सुरा न यज्ञा
वर्णाश्रमो नैव कुलं न जातिः ।
न धूममार्गो न च दीप्तिमार्गो
ब्रह्मैकरूपं परमार्थतत्त्वम् ।। ३४।।

कोई शास्त्र या वेद नहीं हैं, कोई लोक नहीं, कोई देव नहीं, कोई यज्ञ या धार्मिक रीति नहीं हैं। कोई जाति नहीं है, कोई वंश नहीं है, कोई परिवार नहीं है। न अंधकार यग (तंत्र) मार्ग है न प्रबगश बग। परग राल्य ब्रट्गग है, अरूग अद्वैत। यही मैं हूँ।

एक अज्ञानी बुद्धिहीन इन सभी अनुभवों को सत्य मानता है और महत्व देता है और इसलिए उनसे बंधा रहता है। एक आध्यात्मिक साधक, वह सब कुछ छोड़ देता है जो आवश्यक नहीं है, और शांति और पूर्ण स्वतंत्रता में रहता है।

व्याप्यव्यापकनिर्मुक्तः त्वमेकः सफलं यदि ।
प्रत्यक्षं चापरोक्षं च ह्यात्मानं मन्यसे कथम् ।। ३५।।

यदि आप स्थानरहित सर्वव्यापी एकता हैं, तो आप कैसे कह सकते हैं कि आत्मन को प्रत्यक्ष रूप से देखा जा सकता है?

आत्मन की दिशा में संकेत नहीं किया जा सकता। वह न किसी चीज के अंदर है, न बाहर है। सबकुछ इसके अंदर है। वह कोई वस्तु नहीं है, अनुभव नहीं किया जा सकता। न इन्द्रियों से, न इन्द्रियों के बिना।

अद्वैतं केचिदिच्छन्ति द्वैतमिच्छन्ति चापरे ।
समं तत्त्वं न विन्दन्ति द्वैताद्वैतविवर्जितम् ।। ३६।।

कुछ अद्वैतवाद के पक्ष में हैं, अन्य द्वैतवाद के पक्ष में हैं। वे नहीं जानते कि परम सत्य द्वैतवाद या अद्वैतवाद से परे है।

जो है वो अनिवार्य रूप से अज्ञेय है, मन या बुद्धि से परे है। जो लोग सोचते हैं कि वे सत्य या आत्मन या ब्रह्मन को "जानते" हैं, अज्ञानी हैं और भ्रमित हैं। उनके पास केवल खाली शब्द और सिद्धांत हैं। मैं आत्मन हो सकता हूं, लेकिन मैं इसे जान नहीं सकता या इसे एक जानने योग्य अनुभव के रूप में नहीं देख सकता।

श्वेतादिवर्णरहितं शब्दादिगुणवर्जितम् ।
कथयन्ति कथं तत्त्वं मनोवाचामगोचरम् ।। ३७।।

वे इस सत्य के बारे में बात भी कैसे कर सकते हैं जो बुद्धि और भाषा की पहुंच से बाहर है, जो सफेद या कोई अन्य रंग नहीं है, जो ध्वनि या किसी अन्य गुण से रहित है?

बुद्धि को अत्यधिक कठिनाई का सामना करना पड़ता है जब उसका सामना किसी ऐसी चीज से होता है रोज के सांसारिक जीवन से परे है। बुद्धि की पहुँच इंद्रियों द्वारा प्राप्त मिथ्या तक ही है। गुणरहित, तन्मात्रा रहित ज्ञानाज्ञान रहित आत्मन को जाना नहीं जा सकता। यदि आप ब्रह्म के बारे में बात करने का प्रयास करते हैं, तो अर्थहीन होगा। अज्ञानी सभी प्रकार की मान्यताओं और अंधविश्वासों में लिप्त हैं। वो स्वयं को शरीर, मन, प्रकाश या नाद मात्र मान लेते हैं।

यदाऽनृतमिदं सर्वं देहादिगगनोपमम् ।
तदा हि ब्रह्म संवेत्ति न ते द्वैतपरम्परा ।। ३८।।

शरीर सहित जब सब कुछ मिथ्या दिखे, असत्य हो जाये, रिक्त स्थान की तरह लगने लगे, तो आप ब्रह्मन को जान जायेंगे, किसी द्वैतवादी परंपराओं के माध्यम से नहीं।

विभाजनों के भ्रम को देखने के बाद केवल एक ही निष्कर्ष निकाला जा सकता है कि केवल एक ही अस्तित्व है। दार्शनिकता, वाद विवाद इसे स्थापित नहीं करेगा। यह बोध द्वैत का अंत है।

परेण सहजात्मापि ह्यभिन्नः प्रतिभाति मे ।
व्योमाकारं तथैवैकं ध्याता ध्यानं कथं भवेत् ।। ३९।।

मैं दूसरों को भी स्वाभाविक रूप से स्वयं के रूप में देखता हूं, अलग नहीं, सिर्फ इस आत्मन के रूप में। जो आकाश के समान है, वह ध्यानी और ध्यान कैसे हो सकता है?

अन्य जनों के शरीर और मन अलग-अलग दिखाई देते हैं, लेकिन उनका तत्व यह एक ही आत्मन है। जो मैं हूँ, वही सब हैं।

यत्करोमि यदश्नामि यज्जुहोमि ददामि यत् ।
एतत्सर्वं न मे किंचिदिवशुद्धोऽहमजोऽव्ययः ।। ४०।।

मैं वह नहीं हूं जो कर्म करता है, खाता है, कर्मकांड यज्ञ होम करता है या दान करता है आदि। मैं शुद्ध, अजन्मा, अमर आत्मन हूं।

आत्मन कर्म करने में असमर्थ है, यह विशुद्ध रूप से अनुभवों और कार्यों का साक्षी है। क्रियाएं होती हैं, वे किसी के द्वारा नहीं की जाती हैं। कोई कर्ता नहीं है।

आत्मन न कभी शुरू हुआ और न कभी अंत होगा, शरीर और भ्रामक व्यक्तित्वों के विपरीत जो समय के साथ कार्य करते और बदलते और गायब हो जाते हैं। जो लोग अपने वास्तविक स्वरूप को नहीं जानते वे कर्मकांडों और अच्छे/बुरे कर्मों या पूजा में लगे रहते हैं।

सर्वं जगदिवदिधि निराकृतीदं
सर्वं जगदिवदिधि विकारहीनम् ।
सर्वं जगदिवदिधि विशुद्धदेह
सर्वं जगदिवदिधि शिवैकरूपम् ।। ४१।।

जानो कि पूरा अस्तित्व निराकार या शून्य है, यह अपरिवर्तनशील, शुद्ध है, भले ही कई रूप प्रतीत होते हैं और इसका तत्व आत्मन (शिव) है।

अस्तित्व अपने आप में प्रकट होने वाले सभी मिथ्यारूपों का साक्षी मात्र है। दूसरे शब्दों में, यह आत्मन या ब्रह्मन है जिसका साक्षी वह स्वयं है। दृश्य और द्रष्टा के बीच कोई अलगाव खोजना असंभव है।

>इसे अपरोक्ष रूप में कोई भी, कभी भी जान सकता है।

तत्त्वं त्वं न हि सन्देहः किं जानाम्यथवा पुनः ।
असंवेद्यं स्वसंवेद्यमात्मानं मन्यसे कथम् ।। ४२।।

इसमें कोई संदेह नहीं है कि आत्मन ही सत्य है, आपका तत्व है। इसके अलावा आप और क्या जान सकते हैं? जो स्वयं को स्वयं होकर जानता है उसे अनजाना कैसे कह सकते हैं?

हमने अब तक जो कुछ भी पाया है, चाहे वह भौतिक, पराभौतिक या मानसिक हो, वह सिर्फ आत्मन है। बुद्धि आत्मन को वैसे नहीं जान सकती जैसे वह किसी अन्य वस्तु या विचार को जानती है। आत्मन का ज्ञान आत्मन होकर होता है न कि उसको देखकर। यह स्वयं चैतन्य है। यह अज्ञात नहीं है, फिर भी बुद्धि की समझ से परे है।

मायाऽमाया कथं तात छायाऽछाया न विद्यते ।
तत्त्वमेकमिदं सर्वं व्योमाकारं निरञ्जनम् ।। ४३।।

पुत्र, सत्य और मिथ्या, या छाया और प्रकाश मुझमे नहीं दिखते। आकाश की भांति मेरा तत्व एक है, निरंजन है।

ये जाना जाता है कि अस्तित्व के कोई भाग नहीं , वो एक अखंड आत्मन है, इसलिए एक भाग को मिथ्या और दूसरे को सत्य कहना अर्थहीन है।

आदिमध्यान्तमुक्तोऽहं न बद्धोऽहं कदाचन ।
स्वभावनिर्मलः शुद्ध इति मे निश्चिता मतिः ।। ४४।।

मैं आरंभ से मुक्त हूँ , मध्य में मुक्त और अंत में भी मुक्त ही हूँ, मैं कभी बंधा नहीं था। मैं स्वाभाविक रूप से बहुत शुद्ध और पवित्र हूं, यह मेरी दृढ़ समझ है।

आत्मन किसी से प्रभावित या बाध्य नहीं हो सकता है, यह तो मन या शरीर है, अशुद्ध और अपवित्र (अज्ञानी और अपूर्ण) जो बाध्य है और मुक्त नहीं है। आत्मन के साथ तादात्म्य मोक्ष या मुक्ति का सीधा उपाय है। मुक्ति में कोई समय नहीं लगता।

महदादि जगत्सर्वं न किंचित्प्रतिभाति मे ।
ब्रह्मैव केवलं सर्वं कथं वर्णाश्रमस्थितिः ।। ४५।।

सम्पूर्ण जगत मेरे लिए न होने के बराबर है, यहां तक कि महत भी नहीं है। अद्वैत ब्रह्मन ही सब है। इसे वर्णों या जातियों में कैसे विभाजित किया जा सकता है?

पहला पदार्थ - महत, चित्त से भी सूक्ष्म पदार्थ की कल्पना सांख्य दर्शन में है। एकत्व - ब्रह्मन, अविभाज्य और अजेय जो संपूर्ण अस्तित्व है और अनिवार्य रूप से आत्मन के समान है।

एक अज्ञानी अहंकारी प्रकृति द्वारा अपनी भव्यता को तुच्छ बना देता है, जैसे - मैं तुमसे श्रेष्ठ हूँ, आदि विचार एक नीच ही कर सकता है।

जानामि सर्वथा सर्वमहमेको निरन्तरम् ।
निरालम्बमशून्यं च शून्यं व्योमादिपञ्चकम् ।। ४६।।

मैं जानता हूँ कि मैं एक सम्पूर्णता हूं, जो सबकुछ है, निरंतर है। अंतरिक्ष और पांच तत्व शून्य हैं और उनका अपना कोई आधार नहीं है।

अंतरिक्ष, समय और पदार्थ का कोई स्वतंत्र अस्तित्व नहीं है। अनुभवों को एक निश्चित तरीके से व्यवस्थित करने के लिए चित्त इनकी रचना करता है। आत्मन स्वयं के अलावा किसी और का अनुभव नहीं कर रहा है।

न षण्ढो न पुमान्न स्त्री न बोधो नैव कल्पना ।

सानन्दो वा निरानन्दमात्मानं मन्यसे कथम् ।। ४७।।

आत्मन का कोई लिंग नहीं है, यह पुरुष, स्त्री या नपुंस नहीं है। यह मन में कोई कल्पना या विचार नहीं है। आप कैसे मान सकते हैं कि इसमें कोई सुख या दुख है?

आत्मन केवल सुख या दुख का साक्षी है, जो आनी जानी चित्त वृति है। यह सुखी नहीं हो सकता और न ही पीड़ित हो सकता है, यह शुद्ध शांति है, आनंद है।

षडङ्गयोगान्न तु नैव शुद्धं

मनोविनाशान्न तु नैव शुद्धम् ।

गुरूपदेशान्न तु नैव शुद्धं

स्वयं च तत्त्वं स्वयमेव बुद्धम् ।। ४८।।

आप आत्मन है जो छह अंगों वाले योग अभ्यासों से शुद्ध नहीं हो सकते। चित्त को रोककर या नष्ट करके शुद्ध नहीं हो सकते। गुरु की शिक्षा से शुद्ध नहीं हो सकते। आपका तत्व ही शुद्ध है, इसे बुद्धि से परे जानो। यही बुद्ध है।

छह अंगों वाला योग - शायद पातंजलि के अष्टांग योग के समान। आत्मन तो पहले से ही शुद्ध है, शून्य मात्र है, ऐसे सभी कृत्यों का उस पर जरा भी प्रभाव नहीं पड़ता। वे केवल ऐसे उपाय हैं जो एक अज्ञानी को आत्मज्ञान की ओर ले जा सकते हैं।

न हि पञ्चात्मको देहो विदेहो वर्तते न हि ।

आत्मैव केवलं सर्वं तुरीयं च त्रयं कथम् ।। ४९।।

भौतिक पदार्थ में सन्निहित प्राणियों का कोई अस्तित्व नहीं है, और न ही कोई अशरीरी प्राणी हैं। जब सब कुछ केवल आत्मन है, तो आप मन की तीन या चार अवस्थाओं की बात कैसे कर सकते हैं?

जागृति, स्वप्न और गहरी नींद चित्त की तीन अवस्थाएं हैं और चेतन अवस्था जो आत्मज्ञान से परिपूर्ण है चौथी या तुर्यावस्था है। चित्त ही माया है, चाहे देहधारी हो या न हो। मैं ये सब नहीं। मेरी कोई अवस्था नहीं , मैं परिवर्तनहीन हूँ।

न बद्धो नैव मुक्तोऽहं न चाहं ब्रह्मणः पृथक् ।

न कर्ता न च भोक्ताहं व्याप्यव्यापकवर्जितः ।। ५०।।

मैं कभी बंधा नहीं था इसलिए मुझे मुक्त नहीं किया जा सकता। मुझे एकत्व से कभी अलग नहीं किया जा सकता। मैं कर्मों का कर्ता नहीं हूँ, मैं कर्मों के फल से प्रभावित नहीं होता, मैं शून्य हूँ।

दत्तात्रेय यहाँ मुक्ति, कर्म, फल, कर्ता, कारण प्रभाव आदि के बारे में सभी मान्यताओं को ध्वस्त कर देते है। आत्मन कुछ नहीं कर सकता, कुछ नहीं पा सकता, वह एक शांत साक्षी है। बंधन आदि और उनके विपरीत चित्त के हैं।

यथा जलं जले न्यस्तं सलिलं भेदवर्जितम् ।

प्रकृतिं पुरुषं तद्वदभिन्नं प्रतिभाति मे ।। ५१।।

जैसे पानी में पानी मिलाने पर दोनों में भेद नहीं किया जा सकता है, वैसे ही मुझे अनुभव और अनुभवकर्ता में कोई अंतर नहीं दिखता।

अनुभव - प्रकृति या रचना। अनुभवकर्ता - पुरुष या आत्मन। जैसा कि सांख्य के द्वैतवादी दर्शन में वर्णित है। वे अलग नहीं हैं।

यदि नाम न मुक्तोऽसि न बद्धोऽसि कदाचन ।

साकारं च निराकारमात्मानं मन्यसे कथम् ।। ५२।।

अगर यह कभी बंधा या मुक्त नहीं हुआ, तो आत्मन को रूप सहित या रूप रहित कैसे कहा जा सकता है?

आत्मन जो निराकार है, वह सभी रूपों का साक्षी है, जो और कुछ नहीं बल्कि स्वयं आत्मन ही हैं। यह कभी भी किसी भी रूप में बंधा नहीं था, और इसलिए इसे मुक्त नहीं किया जा सकता है। दत्तात्रेय उस विरोधाभास की ओर इशारा कर रहे हैं जिसमें मन खुद को उलझाता है, जब वह आत्मन का वर्णन करने का प्रयास करता है।

जानामि ते परं रूपं प्रत्यक्षं गगनोपमम् ।

यथा परं हि रूपं यन्मरीचिजलसन्निभम् ।। ५३।।

जान लें कि आपका स्वभाव उपमा स्वरुप आकाश के समान है। बाकी उस मायावी पानी की तरह है जो मृगतृष्णा में प्रकट होता है।

जो दृश्य है वह भ्रम है, जो दृष्टा है वह सत्य है, जो अंतरिक्ष की तरह असीम है।

न गुरुर्नोपदेशश्च न चोपाधिर्न मे क्रिया ।

विदेहं गगनं विद्धि विशुद्धोऽहं स्वभावतः ।। ५४।।

मैं जानता हूँ कि मैं बिना रूप के, शुद्ध, असीम गगन की तरह स्वाभाविक रूप से विद्यमान हूँ। गुरु की शिक्षाओं के माध्यम से मुझे नहीं जाना जा सकता, या किसी उच्च उपाधि के कारण या योग क्रियाओं के माध्यम से नहीं जाना सकता।

तथ्य यह है कि मैं अनिवार्य रूप से आत्मन हूं, शब्दों, या कृत्यों या अनुष्ठानों के माध्यम से नहीं जाना जा सकता है। यह एक प्राकृतिक रहस्योद्घाटन है। अन्य सभी कार्य इसी ओर संकेत करते हैं। गुरु भी केवल संकेत ही कर सकता है। अज्ञानी लोग इसे जानने का दिखावा करते हैं और दिखावा करने के लिए खुद को बड़ी उपाधियाँ देते हैं।

विशुद्धोऽस्य शरीरोऽसि न ते चित्तं परात्परम् ।
अहं चात्मा परं तत्त्वमिति वक्तुं न लज्जसे ।। ५५ ।।

आपका तत्व शरीर या चित्त नहीं है, आप शुद्ध हैं। आपको यह कहने में संकोच नहीं करना चाहिए कि मैं परम सत्य, आत्मन हूं।

जो ज्ञानी जानते हैं कि वे कौन हैं, इसे पूरे विश्वास के साथ कहते हैं, यह स्वयंसिद्ध है।

कथं रोदिषि रे चित्त ह्यात्मैवात्मात्मना भव ।
पिब वत्स कलातीतमद्वैतं परमामृतम् ।। ५६ ।।

हे चित्त, तुम क्यों रोते हो? आत्मन हो जाओ, जो तुम स्वयं हो। पुत्र, अद्वैत का शाश्वत अमृत पीओ।

आत्मज्ञान दुख को पूरी तरह से समाप्त कर देता है, अब अद्वैत की आनंदमय अवस्था रह जाती है।

नैव बोधो न चाबोधो न बोधाबोध एव च ।
यस्येदृशः सदा बोधः स बोधो नान्यथा भवेत् ।। ५७ ।।

न ज्ञान है न अज्ञान है। न अर्धज्ञान। जिसके पास ऐसा ज्ञान है, वही ज्ञानरूप स्वयं है, और कुछ भी नहीं।

सभी ज्ञान चित्त में संचय मात्र है, और ऐसा ही अज्ञान है। आत्मन, चित्त से परे होने के कारण ज्ञान और अज्ञान दोनों से मुक्त है। यह एकमात्र ज्ञान है जो प्राप्त करने योग्य है।

ज्ञानं न तर्को न समाधियोगो
न देशकालौ न गुरुपदेशः ।
स्वभावसंवित्तरहं च तत्त्व-
माकाशकल्पं सहजं ध्रुवं च ।। ५८ ।।

ज्ञान हो या तर्क, समाधि हो या योग, स्थान हो या काल, गुरु की शिक्षाएं, ये सब उस सत्य अवस्था में होने के लिए आवश्यक नहीं है, जो आकाश के समान है, स्वाभाविक रूप से स्थिर है।

कोई कभी आत्मन "बन" नहीं सकता, जो आप पहले से ही है। यह कर्म से नहीं कर्महीनता से होगा।

न जातोऽहं मृतो वापि न मे कर्म शुभाशुभम् ।

विशुद्धं निर्गुणं ब्रह्म बन्धो मुक्तिः कथं मम ।। ५९।।

मैं जन्म नहीं लेता, मैं मरता नहीं हूं। मैं कोई शुभ या अशुभ कार्य नहीं करता। जो शुद्ध है और गुणों से रहित ब्रह्मन है, उसका बन्धन या मोक्ष कैसे हो सकता है?

चित और व्यक्ति अपने कर्मफलों से बंधे हैं। मैं, आत्मन न कर्ता है और न ही किसी कर्म और उनके परिणामों का ग्राही।

यदि सर्वगतो देवः स्थिरः पूर्णो निरन्तरः ।

अन्तरं हि न पश्यामि स बाह्याभ्यन्तरः कथम् ।।६०।।

यदि मैं सर्वव्यापी, स्वयंप्रकाशित, परिवर्तनहीन, पूर्ण और शाश्वत हूं, तो मैं किसके अंदर हूँ और किसके बाहर?

स्वयंप्रकाशित - आत्मन अपने स्वयं के प्रकाश से स्वयं को प्रकाशित करता है, जिसका अर्थ है कि यह स्वचेतना है। आत्मन कुछ "आंतरिक" या किसी भी चीज़ के अंदर नहीं है, न ही कुछ "बाहरी" है, सब एक है, यहाँ और अभी है।

>आत्मन अलौकिक (स्थानहीन) है, और यह पता चलता है कि बाकी सब कुछ ऐसा ही है। स्थान चितनिर्मित है और अवधारणाओं के रूप में मिलता है। न मैं शरीर हूं, न मैं शरीर में हूं।

स्फुरत्येव जगत्कृत्स्नमखण्डितनिरन्तरम् ।

अहो मायामहामोहो द्वैताद्वैतविकल्पना ।। ६१।।

अस्तित्व उज्ज्वल रूप से चमक रहा है, सदा प्रकट है, अविभाजित और निरंतर है। लोग द्वैत, अद्वैत या माया आदि कल्पनाओं से आसक्त रहते हैं।

माया - महाभ्रम कि मेरे (आत्मन) अलावा कुछ है। माया भी मैं हूं। यह सदा है। लेकिन यह मेरी एक अस्थायी छाया मात्र है।

साकारं च निराकारं नेति नेतीति सर्वदा ।

भेदाभेदविनिर्मुक्तो वर्तते केवलः शिवः ।। ६२।।

जिसका रूप है, वह यह नहीं, जो निराकार है, वह यह नहीं । आत्मन (शिवम) किसी भी विभाजन या समानता से मुक्त है।

कोई आत्मन की कल्पना किसी भी आकार या निराकार में नहीं कर सकता। यह सामान्य बुद्धि से परे है।

न ते च माता च पिता च बन्धुः

न ते च पत्नी न सुतश्च मित्रम् ।

न पक्षपाती न विपक्षपातः

कथं हि संतप्तिरियं हि चित्ते ।। ६३।।

आपके कोई माता, पिता, भाई, पत्नी, पुत्र या मित्र नहीं हैं। आप किसी के पक्ष या विपक्ष में नहीं हैं। फिर भी यह मन इस प्रकार के दुखों से पीड़ित क्यों है?

यह अज्ञान कि मेरे, आत्मन के अलावा लोग या वस्तुएं हैं, दुख का कारण है। आत्मज्ञान से यह भ्रम दूर हो जाता है। दो के बीच संबंध हो सकता है, किन्तु जब सब मैं ही हूँ तो कोई संबंध संभव नहीं है, वास्तव में मैं ही अलग-अलग मायावी रूपों में प्रकट होता हूं, जैसे सपने में, यह मैं ही हूं जो लोगों, रिश्तेदारों, सड़कों, पेड़ों या इमारतों का रूप लेता है। जागने पर यह सब मिथ्या प्रतीत होता है।

दिवा नक्तं न ते चित्तं उदयास्तमयौ न हि ।

विदेहस्य शरीरत्वं कल्पयन्ति कथं बुधाः ।। ६४।।

चित्त दिन में न तो सूरज की तरह उगता है और न डूबता है। एक बुद्धिमान व्यक्ति निराकार द्वारा कोई शरीर धारण करने की कल्पना भी कैसे कर सकता है?

आत्मन नहीं बदलता, अनुभव बदलते हैं। मैं वास्तव में कोई रूप नहीं लेता, मैं केवल अनेक रूपों में प्रकट होता हूं। चित्त केवल अवस्था बदलता है, वह सदा विद्यमान रहता है।

नाविभक्तं विभक्तं च न हि दुःखसुखादि च ।

न हि सर्वमसर्वं च विद्धि चात्मानमव्ययम् ।। ६५।।

आत्मन को इस रूप में जानो कि उसका कोई अंश नहीं है, वह न एक है न कई है, वह अविभाजित या विभाजित नहीं है, और इसमें कोई सुख या दुख नहीं है।

आत्मन को दैनिक जीवन ज्ञान के संदर्भ में नहीं जाना जा सकता है जो भौतिक, शारीरिक या मानसिक अनुभवों पर ही लागू होता है।

नाहं कर्ता न भोक्ता च न मे कर्म पुराऽधुना ।

न गे देहो विदेहो बा निर्गमेति ममेति किम् ।। ६६।।

मैं कर्ता या भोक्ता नहीं हूँ, मेरा कोई पुराना या नया कर्म नहीं है। न मेरा शरीर है और न मैं अशरीरी हूं। यह कैसे हो सकता है कि "यह मैं हूं" या "यह मैं नहीं हूं"?

कर्म - अपने अनुभवों और कार्यों के कारण चित्त पर बने प्रभाव। सभी कर्मों का परिणाम होता है। लेकिन यह बात चित्त पर लागू होती है, जो मिथ्या है, आत्मन पर नहीं, जो किसी भी अनुभव से अछूता है।

यह कोई कर्म नहीं करता, बस सभी कर्मों का गवाह है। आत्मन में स्वामित्व की कोई भावना नहीं है। कुछ भी "मेरा" नहीं है, लेकिन सब कुछ मैं हूं।

न मे रागादिको दोषो दुःखं देहादिकं न मे ।

आत्मननं विद्धि मामेकं विशालं गगनोपमम् ॥ ६७॥

मेरी कोई पसंद या नापसंद नहीं है, कोई अपूर्णता नहीं है, शरीर की कोई पीड़ा या दुःख नहीं है। मैं अपने आप को आकाश की तरह एक विशालता के रूप में जानता हूं।

संस्कार चित्त में हैं, इसके पूर्वानुभव के परिणामस्वरूप। वे आत्मन के नहीं हैं, जो केवल चित्त की गतिविधियों का साक्षी है।

सखे मनः किं बहुजल्पितेन

सखे मनः सर्वमिदं वितर्क्यम् ।

यत्सारभूतं कथितं मया ते

त्वमेव तत्त्वं गगनोपमोऽसि ॥ ६८॥

हे चित्त, मेरे मित्र, इस सारी लंबी बात का कोई अर्थ नहीं है। ऐ चित्त, मेरे मित्र, यह सब तर्क वितर्क मात्र है। मैंने आपको इसका सार बताया है - आप सत्य हैं, विशाल आकाश की तरह।

मौन ज्ञान का सार है। जब आप जान लेते हैं तब कहने के लिए बहुत कुछ नहीं बचता, यह ज्ञान सब बहुत सरल और स्पष्ट है।

येन केनापि भावेन यत्र कुत्र मृता अपि ।

योगिनस्तत्र लीयन्ते घटाकाशमिवाम्बरे ॥ ६९॥

एक योगी जैसे भी जीवन यापन करता है, जब भी उसकी मृत्यु होती है, वह पूर्णता में विलीन हो जाता है, जैसे मिट्टी के बर्तन में विद्यमान आकाश उसके टूटने के बाद अनंत आकाश में विलीन हो जाता है।

योगी - साधक। वह जो भी चाहता है, उसे पाने के लिए, योग या मुक्ति के लिए उसे बहुत कुछ करने की आवश्यकता नहीं है। वह वैसे भी कभी वियोग में या बंधन में नहीं था।

तीर्थे चान्त्यजगेहे वा नष्टस्मृतिरपि त्यजन् ।

समकाले तनुं मुक्तः कैवल्यव्यापको भवेत् ॥ ७०॥

इससे कोई अंतर नहीं पड़ता कि कोई इस जगत को किसी पवित्र स्थान पर छोड़ देता है या यदि कोई सभी स्मृतियाँ मिटा देता है। वह तुरंत मुक्त हो जाता है और परम अस्तित्व में विलीन हो जाता है।

• 21 •

जो पहले से है उसके लिए किसी विशेष अनुष्ठान, स्थान या मानसिक तैयारी की आवश्यकता नहीं है। अज्ञानी लोग पवित्र स्थानों पर मरने के लिए जाते हैं, या मुक्ति के लिए मूर्खतापूर्ण अनुष्ठान करते हैं। वह सब अंधविश्वास है।

धर्मार्थकाममोक्षांश्च द्विपदादिचराचरम् ।

मन्यन्ते योगिनः सर्वं मरीचिजलसन्निभम् ।। ७१।।

एक योगी, सही आचरण, समृद्धि, इच्छापूर्ति, मुक्ति, मनुष्य और सभी सजीव या निर्जीव को मृगमरीचिका में पानी के समान जानता है।

चर - जीवित प्राणी, अचर - निष्क्रिय पदार्थ। इनमें से कोई भी सत्य नहीं है, जिसमें मनुष्य भी शामिल हैं। इसे प्रत्यक्ष अनुभव और तर्क से आसानी से जाना जा सकता है।

अतीतानागतं कर्म वर्तमानं तथैव च ।

न करोमि न भुञ्जामि इति मे निश्चला मतिः ।। ७२।।

मैं निश्चित रूप से जानता हूं कि मैं कोई कर्म नहीं करता, न ही मैं उनके परिणामों से प्रभावित होता हूं, चाहे वे अतीत में, वर्तमान में या भविष्य में हों।

मैं कर्ता नहीं हूं, जो कुछ भी प्रकट होता है या नष्ट हो जाता है, मैं उसका कालातीत साक्षी हूं। मैं तो केवल इस स्वप्न का स्वप्नद्रष्टा हूँ।

शून्यागारे समरसपूत-

स्तिष्ठन्नेकः सुखमवधूतः ।

चरति हि नग्नस्त्यक्त्वा गर्वं

विन्दति केवलमात्मनि सर्वम् ।। ७३।।

एक खाली घर की तरह शांत चित्त से, समभाव, एक अवधूत स्थिर रहता है, अभिमान का त्याग करता है, वह नग्न घूमता है और सम्पूर्णता को आत्मन या स्वयं के रूप में जानता है।

अवधूत - त्यागी, दत्तात्रेय के नामों में से एक नाम, उनका संप्रदाय। यह इस परंपरा में साधक की जीवन शैली है।

त्रितयतुरीयं नहि नहि यत्र

विन्दति केवलमात्मनि तत्र ।

धर्माधर्मौ नहि नहि यत्र

बद्धो मुक्तः कथमिह तत्र ।। ७४।।

तीन या चार अवस्थाएं नहीं हैं, मुझे पता है कि केवल आत्मन है। जब कोई सही या गलत आचरण नहीं है, तो बंधन या मुक्ति कैसे हो सकती है?

जागृति, स्वप्न और सुषुप्ति की तीन अवस्थायें और तुरीया की चौथी अवस्था मेरी नहीं है। अवस्थाएँ चित्त की होती हैं, और आत्मन द्वारा अनुभव की जाती हैं। कर्म भी चित्त के होते हैं, आत्मन के नहीं, जो कि उनका साक्षी मात्र है। मन कर्मों से बंधा है, और इसलिए मुक्ति से भी। किन्तु यह केवल एक भ्रम है।

विन्दति विन्दति नहि नहि मन्त्रं

छन्दोलक्षणं नहि नहि तन्त्रम् ।

समरसमग्नो भावितपूतः

प्रलपितमेतत्परमवधूतः ।।७५।।

एक अवधूत कोई सूत्र/मंत्र नहीं जानता, कोई छंद नहीं, कोई विधि नहीं। वह अचल, समभाव और परम में लीन है।

जिसके पास ज्ञान है, उसे मन्त्र जप करने, या कोई मूर्खतापूर्ण विधियां आदि करने की आवश्यकता नहीं है। उसने वह प्राप्त कर लिया है जिसकी किसी अन्य पथ का कोई भी साधक केवल कल्पना ही कर सकता है।

सर्वशून्यमशून्यं च सत्यासत्यं न विद्यते ।

स्वभावभावतः प्रोक्तं शास्त्रसंवित्तिपूर्वकम् ।।७६।।

न शून्य है न अशून्य है, कोई सत्य या असत्य नहीं है। अपना स्वयं का ज्ञान ही शास्त्र है।

एक ज्ञानी अपने ज्ञान से कहता है, शास्त्रों का पाठ नहीं करता। ऐसा व्यक्ति किसी भी बात पर अंधविश्वास नहीं करता। प्रत्यक्ष प्रमाण के माध्यम से जानता है। यही अवधूत है।

इति प्रथमोऽध्यायः ।।१।।

2

अध्याय २

अथ द्विवतीयोऽध्यायः

अवधूत उवाच

बालस्य वा विषयभोगरतस्य वापि

मूर्खस्य सेवकजनस्य गृहस्थितस्य ।

एतद्‌गुरोः किमपि नैव न चिन्तनीयं

रत्नं कथं त्यजति कोऽप्यशुचौ प्रविष्टम् ।। १।।

जो अपरिपक्व, भोगी, मूर्ख, नौकर, गृहस्थ आदि हैं, उन्हें हीन मत समझो। जो रत्न गंदा हो गया है उसे कौन फेंकता है?

सभी का वास्तविक स्वरूप आत्मन है, जो मेरा स्वयं का स्वरूप है। अंतर केवल दूसरों के मन में अज्ञानता की मात्रा का है, जो दर्पण पर गंदगी के समान है, और नश्वर भी है। अज्ञानी को नीच समझना अहंकार है।

नैवात्र काव्यगुण एव तु चिन्तनीयो

ग्राह्यः परं गुणवता खलु सार एव।

सिन्दूरचित्ररहिता भुवि रूपशून्या

पारं न किं नयति नौरिह गन्तुकामान्।। २।।

किसी के विद्वतापूर्ण गुणों या वक्तृत्व कौशल को महत्वपूर्ण न समझें, हर चीज का सार प्राप्त करें। क्या एक अच्छी तरह से सजी और नई नाव यात्रियों को पार नहीं ले जाती, ठीक वैसे ही जैसे एक साधारण नाव ले जाती है?

गुरु का बाहरी रूप मायने नहीं रखता, न ही उसकी परंपरा, संस्कृति आदि। सत्य वही है, स्रोत जो भी हो।

प्रयत्नेन विना येन निश्चलेन चलाचलम्।

ग्रस्तं स्वभावतः शान्तं चैतन्यं गगनोपमम्।।३।।

जो कुछ चल रहा है और स्थिर है, वह बिना किसी प्रयास के, आकाश की तरह स्वाभाविक रूप से शांतिपूर्ण और अटल आत्मन से व्याप्त है।

सभी सजीव और निर्जीव मेरे अपने रूप हैं। मैं इन के रूप में प्रकट होता हूं।

अयत्नाच्चालयेद्यस्तु एकमेव चराचरम्।

सर्वगं तत्कथं भिन्नमद्वैतं वर्तते मम।।४।।

एकमेव आत्मन जो बिना किसी प्रयास के हर जगह गतिमान और स्थायी रूप में व्याप्त है, उसे कैसे खंडित किया जा सकता है? मैं स्वयं को इस अद्वैत सत्य के रूप में जानता हूँ।

यह हमारा प्रत्यक्ष अनुभव है कि मेरे कोई भाग नहीं है और सभी अनुभव मेरे अपने मायारूप हैं। वस्तुओं को विभेदित किया जा सकता है, जिसमें वे दिखाई देती हैं वह एक संपूर्णता है।

अहमेव परं यस्मात्सारासारतरं शिवम्।

गमागमविनिर्मुक्तं निर्विकल्पं निराकुलम्।।५।।

मैं एकमेव हूं जो परम है, सभी तत्वों का सार आत्मन है। आवागमन से मुक्त, एकमात्र, शांत और मौन।

आवागमन - जन्म और मृत्यु का अंतहीन चक्र। मैं या आत्मन जन्म या रूप नहीं लेता, वह केवल रूपों का साक्षी है।

जीव या कारण शरीर, जो स्मृतिमात्र है, स्वयं को बार-बार रूपों से जोड़ता है। रूप स्वभाव से अनित्य हैं, वे अपनी प्रवृति के अनुसार प्रकट होते हैं और नष्ट हो जाते हैं और इसलिए चक्र जारी रहता है।

सर्वावयवनिर्मुक्तं तथाहं त्रिदशार्चितम्।

सम्पूर्णत्वान्न गृह्णामि विभागं त्रिदशादिकम्।।६।।

कोई भाग या विभाजन न होने पर, तीसों द्वारा मेरी पूजा की जाती है। हालाँकि, एक और पूर्ण होने के नाते, मैं तीस आदि का भेदभाव नहीं करता।

तीस - लगभग तीस देवताओं का वेदों में उल्लेख किया गया है। आत्मन सभी का सार है, देवता, मनुष्य या पशु। यह सब से ऊपर है, सभी रूपों का आधार है। मेरी दृष्टी में सब एक जैसे हैं।

प्रमादेन न सन्देहः किं करिष्यामि वृत्तिमान्।

उत्पद्यन्ते विलीयन्ते बुद्बुदाश्च यथा जले।।७।।

मनुष्य क्या कर सकता है, चित्तवृत्ति अज्ञानता, आलस्य और शंकाओं को जन्म देती हैं। वे पानी में बुलबुले की भांति आते जाते हैं।

मनोशरीर से तादात्म्य करने वाला व्यक्ति अज्ञानता में जीता है, मन में जो कुछ आता-जाता है, उसी के समान अपने को मानकर चलता है। आत्मन केवल इन वृत्तिओं का साक्षी है।

महदादीनि भूतानि समाप्यैवं सदैव हि।
मृदुद्रव्येषु तीक्ष्णेषु गुडेषु कटुकेषु च।।८।।

आत्मन पहले पदार्थ (महत) और सभी भौतिक तत्वों में हमेशा व्याप्त है। नरम या कठोर, मीठा या कड़वा।

आत्मन सभी घटनाओं, आध्यात्मिक, पराभौतिक, मानसिक या भौतिक का धरातल है।

कटुत्वं चैव शैत्यत्वं मृदुत्वं च यथा जले।
प्रकृतिः पुरुषस्तद्वदभिन्नं प्रतिभाति मे।।९।।

जिस प्रकार पानी की मिठास या कड़वाहट, और शीतलता या तरलता के गुणों को उस पानी से अलग नहीं किया जा सकता, उसी तरह मैं अस्तित्व और आत्मन को अलग नहीं देखता।

आत्मन का स्वभाव अद्वैत है। द्वैत चित की विभाजनकारी वृत्ति द्वारा निर्मित एक भ्रम है।

सर्वाख्यारहितं यद्यत्सूक्ष्मात्सूक्ष्मतरं परम्।
मनोबुद्धीन्द्रियातीतमकलङ्कं जगत्पतिम्।।१०।।

आत्मन, सभी ब्रह्मांडों का शासक, सभी विवरणों से परे है, सूक्ष्म से सूक्ष्मतर है, यह मन, बुद्धि और इंद्रियों से परे परम, निष्कलंक और शुद्ध है।

चित्त या बुद्धि, मात्र एक भ्रम होने के कारण, सत्य को समझ नहीं सकता, यह केवल उसे नकार सकता है जो असत्य है। इस प्रकार अद्वैत का संपूर्ण ज्ञान नकारात्मक ज्ञान है। अपरोक्ष अनुभव हमें ज्ञान नहीं देता, यह अज्ञान का नाश करता है।

ईदृशं सहजं यत्र अहं तत्र कथं भवेत्।
त्वगेव हि कथं तत्र कथं तत्र चराचरम्।।११।।

यदि ऐसा सरल और प्राकृतिक सत्य है, तो अहम् कैसे हो सकता है? आप या सभी जीवित और निर्जीव वस्तुएं कैसे हो सकती हैं?

व्यक्ति, अन्य लोग, जीव या वस्तु का अपना कोई अलग अस्तित्व या सत्य नहीं है।

गगनोपमं तु यत्प्रोक्तं तदेव गगनोपमम्।
चैतन्यं दोषहीनं च सर्वज्ञं पूर्णमेव च।।१२।।

वह जिसकी उपमा शून्य आकाश से दी जाती है, ठीक वैसा ही है। चैतन्य, परिपूर्ण, सर्वज्ञानी और पूर्ण।

अनुभवों की पूर्णता और अपूर्णता केवल अवधारणाएं हैं, जो अज्ञानजनित संस्कारों से संबंधित हैं। जो शून्य है वही पूर्ण है।

पृथिव्यां चरितं नैव मारुतेन च वाहितम्।

वारिणा पिहितं नैव तेजोमध्ये व्यवस्थितम्।।१३।।

यह पृथ्वी पर नहीं चलता, हवा में नहीं बहता, पानी में नहीं डूबता, और आग में भी स्थित नहीं है।

आत्मन पूर्णतया निर्गुण है।

आकाशं तेन संव्याप्तं न तद्व्याप्तं च केनचित्।

स बाह्याभ्यन्तरं तिष्ठत्यवच्छिन्नं निरन्तरम्।।१४।।

आकाश इससे व्याप्त है, लेकिन यह किसी से भी व्याप्त नहीं है। यह किसी के अंदर या बाहर स्थित नहीं है। यह अविभाजित, शाश्वत और निरंतर है।

आत्मन अलौकिक है और इसमें शून्य आयाम या भाग हैं। वस्तुओं के स्थान होते हैं और वे एक दूसरे से अलग अनुभव किए जाती हैं। यह चित्त की विभाजन और संगठन गतिविधि के कारण है।

मेरा कोई पदार्थ नहीं है। मैं किसी से नहीं बना हूं और न ही मैं किसी प्रक्रिया से जन्मा हूं।

सूक्ष्मत्वात्तददृश्यत्वान्निर्गुणत्वाच्च योगिभिः।

आलम्बनादि यत्प्रोक्तं क्रमादालम्बनं भवेत्।।१५।।

जैसा कि योगियों ने उल्लेख किया है, सूक्ष्म, अदृश्य और निर्गुण पर क्रमशः ध्यान केंद्रित करना चाहिए।

एक स्थूल वस्तु, मानसिक वस्तु और फिर स्वयं आत्मन पर क्रमिक रूप से ध्यान करने के अभ्यास की ओर संकेत किया गया है। विशेष रूप से एक नए साधक को, उच्चतम पर सीधे पहुंचना कठिन होगा।

सततऽभ्यासयुक्तस्तु निरालम्बो यदा भवेत्।

तल्लयाल्लीयते नान्तर्गुणदोषविवर्जितः।।१६।।

निरंतर अभ्यास के बाद, जब चित्त किसी विशेष वस्तु या विचार पर केंद्रित नहीं होता है, तो वह सभी गुणों से रहित होकर आत्मन में विलीन हो जाता है।

सहज समाधि अवस्था की ओर संकेत किया गया है, जो कि संभवतयाः एकमात्र सत्य अवस्था है। यह अवस्था तब प्राप्त होती है जब वह सभी वृत्तियाँ जो आत्मन को बादलों की तरह ढक लेती हैं , शांत हो जाती हैं। यह शुद्ध अनुभव की

स्थिति है।

विषविश्वस्य रौद्रस्य मोहमूर्च्छाप्रदस्य च।
एकमेव विनाशाय ह्यमोघं सहजामृतम्।।१७।।

इस हिंसक सांसारिक भ्रम के विषैले प्रभाव को नष्ट करने के लिए, जो बेहोशी की स्थिति और आसक्ति का कारण है, सरल और स्वाभाविक रूप से आत्मन होना सबसे अच्छा उपाय है।

कुंजी यहाँ दी जा रही है - सभी स्थितियों में सचेत रहें, चेतना रहें कि आपका सार आत्मन है। आत्मन के साथ स्वाभाविक रूप से और सहजता से, हर समय तादात्म्य बनाये रखें। यह अभ्यास धीरे-धीरे अज्ञान, कष्ट, दुःख और यांत्रिक व्यवहार या आदतों (हानिकारक संस्कारों) को नष्ट कर देता है।

भावगम्यं निराकारं साकारं दृष्टिगोचरम्।
भावाभावविनिर्मुक्तमन्तरालं तदुच्यते।।१८।।

निराकार को मन में अनुभव किया जा सकता है, रूपों को आंखों से देखा जा सकता है। जो आकार और निराकार के परे है, शून्य कहलाता है।

भौतिक वस्तुओं के रूप होते हैं और इंद्रियों के लिए सुलभ होते हैं। मानसिक वस्तुएं निराकार हैं और मन के लिए सुलभ हैं, लेकिन आत्मन शुन्यमात्र है, और अनिवार्य रूप से मन द्वारा अप्राप्य है, और इसलिए यह आध्यात्मिक है (न भौतिक है न मानसिक है)।

बाह्यभावं भवेद्विश्वमन्तः प्रकृचिरुच्यते।
अन्तरादन्तरं ज्ञेयं नारिकेलफलाम्बुवत्।।१९।।

जगत बाहरी रूप से मौजूद है जिसे प्रकृति कहा जाता है। जानिए जो उसके अंदर है। जैसे नारियल के गूदे के अंदर पानी होता है और गूदा सख्त खोल के अंदर होता है।

प्रकृति - प्रकट अस्तित्व का कारण, एक शक्ति या ऊर्जा, जैसा कि सांख्य दर्शन में वर्णित है। आत्मन प्रकृति में व्याप्त है। यह एक ही है जो किसी भी चीज को अस्तित्व देता है।

भ्रान्तिज्ञानं स्थितं बाह्यं सम्यग्ज्ञानं च मध्यगम्।
मध्यान्मध्यतरं ज्ञेयं नारिकेलफलाम्बुवत्।।२०।।

बाहरी जगत का ज्ञान मिथ्या है। आंतरिक कारण का ज्ञान सही है। जानिए उस आंतरिक भाग के अंदर क्या है, जैसे नारियल के अंतरतम गुहा में पानी है।

आंतरिक और बाहरी शब्दों का प्रयोग रूपक के रूप में किया जा रहा है। आत्मन सभी का सार है। सभी इसी में प्रकट हैं।

पौर्णमास्यां यथा चन्द्र एक एवातिनिर्मलः।
तेन तत्सदृशं पश्येदिद्वधादृष्टिर्विपर्ययः।।२१।।

आत्मन एक है, रात में पूर्णिमा के चंद्र की तरह एक और अति शुद्ध। द्वैत देखना बड़ी भूल है।

द्वैत अज्ञान का परिणाम है, जो स्वयं के वास्तविक स्वरूप को नहीं जानना है। एक बार यह ज्ञात होने पर केवल अद्वैत शेष रहता है।

अनेनैव प्रकारेण बुद्धिभेदो न सर्वगः।
दाता च धीरतामेति गीयते नामकोटिभिः।।२२।।

विभिन्न कारणों से सर्वव्यापी आत्मन बुद्धि से परे है। इस ज्ञान के दाता धैर्यपूर्वक इसके लिए लाखों गीत गाते हैं।

क्योंकि बुद्धि की भी एक सीमा होती है, कभी-कभी इसका वर्णन करने के लिए केवल कविता ही सहारा होती है।

गुरुप्रज्ञाप्रसादेन मूर्खो वा यदि पण्डितः।
यस्तु संबुध्यते तत्त्वं विरक्तो भवसागरात्।।२३।।

गुरु द्वारा प्राप्त इस ज्ञान की कृपा से मूढ़ और पंडित समान रूप से इस सत्य को समझते हैं और इस अस्तित्व के सागर से मोहभंग और विरक्त हो जाते हैं।

ज्ञान सभी को परिवर्तित कर देता है , कैसी भी बुद्धि हो। इस ज्ञान का परिणाम संसार से विरक्ति और मुक्ति है।

रागद्वेषविनिर्मुक्तः सर्वभूतहिते रतः।
दृढबोधश्च धीरश्च स गच्छेत्परमं पदम्।।२४।।

जो राग-द्वेष से मुक्त है, जो सबका उत्थान करने में लगा हुआ है, जिसके पास निश्चित ज्ञान है, जिसके पास धैर्य है, वह सर्वोच्च पद को प्राप्त होता है।

उच्चतम पद - आत्म-साक्षात्कार और अद्वैत की अवस्था। आत्मज्ञान और ब्रह्मज्ञान उच्चतम संभव ज्ञान है।

घटे भिन्ने घटाकाश आकाशे लीयते यथा।
देहाभावे तथा योगी स्वरूपे परमात्मनि।।२५।।

योगी शरीर छोड़ने के बाद सर्वव्यापी आत्मन में विलीन हो जाता है, जैसे मिट्टी के बर्तन के अंदर का आकाश उसके टूट जाने पर परमाकाश में विलीन हो जाता है।

एक बार जब शरीर का भ्रम दूर हो जाता है, जो भ्रमपूर्ण भिन्नता का कारण है, तो कोई भिन्नता नहीं रहती, और कोई साधक भी नहीं रहता।

उक्तेयं कर्मयुक्तानां मतिर्यान्तेऽपि सा गतिः।

न चोक्ता योगयुक्तानां मतिर्यान्तेऽपि सा गतिः।।२६।।

ऐसा कहा जाता है कि जो लोग सांसारिक गतिविधियों में लिप्त होते हैं उनका भविष्य उनकी मृत्यु के समय उनकी मनःस्थिति से निर्धारित होता है। यह योगियों के लिए नहीं कहा गया है।

आत्मन के रूप में अपने सार को जानने के बाद, चित्तवृत्ति और विभिन्न आवेगों से मुक्त होने के कारण, योगी मायावी जगत और भौतिक शरीर से मुक्त हो जाते हैं।

या गतिः कर्मयुक्तानां सा च वागिन्द्रियाद्वदेत्।

योगिनां या गतिः क्वापि ह्यकथ्या भवतोर्जिता।।२७।।

किसी सांसारिक व्यक्ति के भाग्य का ज्ञान हो सकता है या उसके जीवन की भविष्यवाणी की जा सकती है। योगियों के लिए ऐसी भविष्यवाणी करना संभव नहीं है।

संस्कारों से पूरी तरह से निर्धारित होने के कारण एक सामान्य व्यक्ति कैसे जीवन व्यतीत करेगा यह आसानी से जाना जा सकता है। स्वयं को संस्कारों से मुक्त करने के बाद, साधक नियति द्वारा नियंत्रित नहीं होते हैं।

एवं ज्ञात्वा त्वमुं मार्गं योगिनां नैव कल्पितम्।

विकल्पवर्जनं तेषां स्वयं सिद्धिः प्रवर्तते।।२८।।

यह जानकर कोई कल्पना भी नहीं कर सकता कि योगी नियत पथ पर चलते हैं। अज्ञान न होने से उनके लिए आत्म-समृद्धि अपने आप हो जाती है।

ज्ञान प्राप्त करने वाले साधक का विकास तीव्र गति से होता है। उन्हें उच्च या निम्न लोकों में पुनर्जन्म के निर्धारित पथों से यात्रा की आवश्यकता नहीं है।

तीर्थे वान्त्यजगेहे वा यत्र कुत्र मृतोऽपि वा।

न योगी पश्यते गर्भं परे ब्रह्मणि लीयते।।२९।।

योगी, चाहे वह किसी पवित्र स्थान पर मर जाए या कहीं और, फिर कभी गर्भ नहीं देखता, वह ब्रह्मन में विलीन हो जाता है।

एक साधक को गरने के लिए किसी विशेष स्थान की आवश्यकता नहीं है, न ही स्वयं को मुक्त करने के लिए किसी विशेष कर्मकांड की। ये अनुष्ठान अप्रभावी अंधविश्वास हैं। केवल ज्ञान ही काम आता है।

सहजमजमचिन्त्यं यस्तु पश्येत्स्वरूपं

घटति यदि यथेष्टं लिप्यते नैव दोषैः।

सकृदपि तदभावात्कर्म किञ्चिन्नकुर्यात्

तदपि न च विबद्धः संयमी वा तपस्वी।।३०।।

स्वयं को सबसे स्वाभाविक और सरल, अजन्मा और बुद्धि से परे देखकर, वह कभी भी इच्छाओं के कारण किसी भी दोष से ग्रस्त नहीं होता है। उस अवस्था में वह कर्ताहीनभाव के कर्म करता है। एक आत्म-संयमी तपस्वी इसलिए, कभी भी बंधन में नहीं होता।

कर्ताहीन कर्म - साधक के संस्कारों के परिणामस्वरूप कर्म सामान्य रूप से होते हैं, परन्तु इस चेतना के साथ कि कोई कर्ता नहीं है। इस प्रकार उसके कोई कर्मबंधन नहीं बनते।

निरामयं निष्प्रतिमं निराकृतिं

निराश्रयं निर्वपुषं निराशिषम्।

निर्द्वन्द्वनिर्मोहमलुप्तशक्तिकं

तमीशमात्मानमुपैति शाश्वतम्।।३१।।

शुद्ध, तुलना से परे, निराकार, स्वतंत्र, अशरीरी, इच्छा रहित, स्वतंत्र, संघर्ष रहित साधक विरक्त हो जाता है, और चिरस्थायी शक्ति प्राप्त करता है, जब वह सर्वोच्च शाश्वत आत्मन की स्थिति प्राप्त करता है।

आत्मज्ञान से चित्तशुद्धि स्वाभाविक और तेज होती है। साधक अंततः उल्लेखित गुणों को प्राप्त करता है।

वेदो न दीक्षा न च मुण्डनक्रिया

गुरुर्न शिष्यो न च यन्त्रसम्पदः।

मुद्रादिकं चापि न यत्र भासते

तमीशमात्मानमुपैति शाश्वतम्।।३२।।

न वेदों से, न दीक्षा से, न सिर मुंडवाने से, न गुरु के द्वारा, न विद्यार्थी होने से, न धन-संपति से और न सांसारिक साधनों से, न योगाभ्यासों से, न ही राख को धारण करने से। मैं सदा आत्मन हूं, मात्र इसी ज्ञान की आवश्यकता होती है।

निश्चित रूप से, उल्लिखित गुणों को प्राप्त करने का कोई अन्य उपाय नहीं है। उल्लिखित उपाय अज्ञान की अभिव्यक्ति हैं। एकमात्र उपाय है - स्वयं को जान लेना और वह हो जाना।

न शाम्भवं शक्तिकमानवं न वा

पिण्डं च रूपं च पदादिकं न वा।

आरम्भनिष्पतिघटादिकं च नो

तमीशमात्मानमुपैति शाश्वतम्।।३३।।

न शाम्भवी के माध्यम से, न ही शक्ति के माध्यम से, न ही मंत्रों के माध्यम से, न ही रूपों और आकृतियों की पूजा से, न ही पैरों या पैरों के निशान की पूजा

करके और न ही अनुष्ठानों या कर्मकांड से, न अनावी द्वारा और न ही घट में जल से कोई सर्वोच्च शाश्वत आत्मन की स्थिति प्राप्त करता है।

शाम्भवी - एक विशेष क्रिया। शक्ति या कुंडलिनी - पराभौतिक शक्तिओं का प्रयोग करना एक लोकप्रिय मार्ग है। मंत्र - देवी-देवताओं को प्रसन्न करने के लिए सूत्र, मंत्र, आहवान। अनावी - मंत्रों के माध्यम से दीक्षा। घड़े में पानी - सीमित रूप में सर्वव्यापी सत्य का प्रतीक।

यह कहना अनावश्यक है कि ये सभी विधियां पूरी तरह से अप्रभावी हैं और समय की बर्बादी हैं।

यस्य स्वरूपात्सचराचरं जगद्

उत्पद्यते तिष्ठति लीयतेऽपि वा।

पयोविकारादिव फेनबुद्बुदा-

स्तमीशमात्मानमुपैति शाश्वतम्।।३४।।

सभी जीवित और जड़ रूपों के साथ सम्पूर्ण ब्रह्मांड को जन्म देने वाले को जानकर ही कोई साधक सर्वोच्च शाश्वत आत्मन की स्थिति प्राप्त करता है, ये रूप कुछ समय के लिए रहते हैं और वापस विलीन हो जाते हैं, जैसे पानी से फेन और बुलबुले उठते है और वापस उसी में विलीन हो जाते हैं।

मैं, आत्मन ही एकमात्र सत्य है, बाकी आता और जाता है। यह भी मैं हूं, किन्तु ये नाम रूप हैं तत्व नहीं। इससे अधिक जानने के लिए कुछ और नहीं है।

नासानिरोधो न च दृष्टिरासनं

बोधोऽप्यबोधोऽपि न यत्र भासते।

नाडीप्रचारोऽपि न यत्र किञ्चित्

तमीशमात्मानमुपैति शाश्वतम्।।३५।।

उच्चतम शाश्वत आत्मन की स्थिति कोई अपनी श्वास को रोककर नहीं, अपनी दृष्टि को एकाग्र करने से नहीं या अपने नाड़ी तंत्र को परिष्कृत करने से नहीं प्राप्त कर सकता। उसमें न ज्ञान है न अज्ञान है।

नासानिरोध - प्राणायाग एक योगाभ्यास, नाड़ीप्रचार - तंत्रिकाओं में ऊर्जा के प्रवाह को बढ़ाना, जैसा कि कुंडलिनी साधना में किया जाता है। ऐसी सभी साधनायें बेकार हैं, या उन्हें अधिक से अधिक ज्ञानमार्ग की तैयारी के रूप में देखा जा सकता है।

नानात्वमेकत्वमुभत्वमन्यता

अणुत्वदीर्घत्वमहत्त्वशून्यता।

मानत्वमेयत्वसमत्ववर्जितं

तमीशमात्मानमुपैति शाश्वतम्।।३६।।

जो अनेक नहीं है, जो एक नहीं है, जिसमें कोई समानता या अन्यता नहीं है, जो छोटा या विशाल नहीं है, जो पदार्थ या शून्य नहीं है, यह जानने से सर्वोच्च शाश्वत आत्मन की स्थिति प्राप्त होती है। आत्मन को वस्तुनिष्ठ रूप से नहीं मापा जा सकता और इसकी किसी से कोई समानता नहीं है।

जो आत्मन नहीं है उसके संदर्भ में आत्मन का वर्णन करना आसान होता है। यह आयामहीन, मात्राहीन, उद्देश्यहीन, मापहीन, अनुभवहीन, या चित की विषय वस्तु नहीं है। आदि।

सुसंयमी वा यदि वा न संयमी

सुसंग्रही वा यदि वा न संग्रही।

निष्कर्मको वा यदि वा सकर्मक

स्तमीशमात्मानमुपैति शाश्तम्।।३७।।

कोई अपने चित को अनुशासित करके या अनुशासनहीन होकर, अपनी इंद्रियों को नियंत्रित करके या उन्हें अनियंत्रित छोड़कर, कर्ता या अकर्ता होकर, उच्चतम शाश्वत आत्मन की स्थिति प्राप्त नहीं कर सकता।

अति आवश्यक नहीं है, बस वही हो जाएँ जो आप स्वाभाविक रूप से और सहजता से हैं।

मनो न बुद्धिर्न शरीरमिन्द्रियं

तन्मात्रभूतानि न भूतपञ्चकम्।

अहंकृतिश्चापि वियत्स्वरूपकं

तमीशमात्मानमुपैति शाश्वतम्।३८।।

मन, बुद्धि, शरीर, इंद्रियां, पराभौतिक, भौतिक, अहंकार, और यहां तक कि किसी प्रकार का कोई मायाशक्तिरूप भी, इन सबको आत्मन मानकर सर्वोच्च शाश्वत आत्मन की स्थिति प्राप्त नहीं कर सकता।

यह मानना एक गलती है कि आत्मन कोई तत्व है जो शरीर में रहता है, या यह मानना कि यह पदार्थ या किसी प्रकार की ऊर्जा का उत्पाद है जिसे विज्ञान ने अभी तक खोजा नहीं है।

आत्मन यहाँ है, स्वयंसिद्ध, एक अनूठा सत्य, अपनी तरह का एक। कोई यह सुनिश्चित कर सकता है कि यदि किसी चीज का अनुभव किया जा सकता है, यदि वह आती है और जाती है, उत्पन्न या नष्ट हो जाती है, तो वह किसी भी तरह से आत्मन नहीं है।

विधौ निरोधे परमात्मतां गते

न योगिनश्चेतसि भेदवर्जिते।
शौचं न वाशौचमलिङ्गभावना
सर्व विधेयं यदि वा निषिध्यते।।३९।।

परम सर्वव्यापी आत्मन को जानने पर, एक योगी साधना के प्रतिबंधों से परे चला जाता है, उसे किसी भी प्रकार का कोई द्वैत या मतभेद नहीं दिखता है। उसे किसी विशेष लिंग के होने या शुद्ध या अशुद्ध होने से कोई सरोकार नहीं है। परम सत्य को जान लेने पर योगी के लिए कुछ भी वर्जित नहीं है।

मौलिक सत्यों को समझने के बाद, कोई कठोर साधना करने का कोई अर्थ नहीं है।

मनो वचो यत्र न शक्तमीरितुं
नूनं कथं तत्र गुरूपदेशता।
इमां कथामुक्तवतो गुरोस्तद्
युक्तस्य तत्त्वं हि समं प्रकाशते।।४०।।

जहां बुद्धि और भाषा व्यर्थ है, गुरु की शिक्षाएं कुछ नहीं कहती हैं। गुरु उस सत्य के बारे में कैसे बता सकता है जो स्वयं को प्रकट करता है?

गुरु केवल सत्य की ओर संकेत कर सकता है। शिष्य स्वयं अनुभव व अनुभवकर्ता का भेद करना सीखता है। सामान्यतः गुरु केवल यह बताते हैं कि अज्ञान और अंधविश्वास कहाँ है।

इस प्रकार, ज्ञान संग्रह नहीं शुद्धिकरण है।

जब अंधविश्वास या मान्यताएं नष्ट हो जाती हैं, आत्मन स्वयं प्रकाशित हो जाता है। जैसे हवा से बादल छंटने पर सूरज फिर से चमकता है।

इति द्वितीयोऽध्यायः ।।२।।

3

अध्याय ३

अथ तृतीयोऽध्यायः

अवधूत उवाच

गुणविगुणविभागो वर्तते नैव किञ्चित्

रतिविरतिविहीनं निर्मलं निष्प्रपञ्चम्।

गुणाविगुणविहीनं व्यापकं विश्वरूपं

कथमहमिह वन्दे व्योमरूपं शिवं वै।।१।।

मैं उस आत्मन की पूजा कैसे कर सकता हूं जिसमें कोई गुण नहीं है और जो गुणहीन भी नहीं है, जिसमें आसक्ति और वैराग्य नहीं है, जो शुद्ध और निर्दोष है, जो अंतरिक्ष की तरह सर्वव्यापी है?

आत्मन, सर्वोच्च होते हुए भी पूजा की वस्तु नहीं हो सकती, वह मैं स्वयं हूं।

तादिवर्णरहितो नियतं शिवश्च

कार्यं हि कारणमिदं हि परं शिवश्च।

एवं विकल्परहितोऽहमलं शिवश्च

स्वात्मानमात्मनि सुमित्र कथं नमामि।।२।।

मेरे प्रिय मित्र, मैं उस आत्मन की पूजा कैसे कर सकता हूं जो मैं स्वयं हूं, जो सफेद या कोई अन्य रंग नहीं है, जो शाश्वत और अविभाज्य है, जो कारण और प्रभाव दोनों है।

आत्मन पूजा की वस्तु नहीं हो सकती, यह मैं स्वयं हूं। अज्ञानता के कारण लोग सभी प्रकार की पूजाओं में लिप्त हो जाते हैं।

निर्मूलमूलरहितो हि सदोदितोऽहं

निर्धूमधूमरहितो हि सदोदितोऽहम्।

निर्दीपदीपरहितो हि सदोदितोऽहं
ज्ञानामृतं समरसं गगनोपमोऽहम्।।३।।

मैं निरंतर हूं, कभी अस्त नहीं होता, मेरा कोई आरम्भ नहीं है और न ही मैं आरंभहीन हूं, मैं छाया में हूं और इसमें नहीं, मैं तेज चमकता हूं और मैं नहीं। मैं आकाश की भांति सर्वव्यापी समरूप ज्ञान का सार हूँ।

आत्मन का कोई आदि नहीं है, लेकिन मन और शरीर जैसे भावों का आदि और अंत है, इसमें कोई अज्ञान या ज्ञान नहीं है, लेकिन इसके भाव दोनों को प्रदर्शित करते हैं। अभिव्यक्ति कुछ और नहीं बल्कि स्वयं आत्मन है, जो विरोधाभासी लगता है, क्योंकि यह बुद्धि से परे है।

आत्मन अनंत है, अनंत संभावनाएं हैं, और इसलिए विरोधाभास के रूप में भी व्यक्त हो सकता है। बुद्धि के लिए यह एक परेशान करने वाला विचार हो सकता है, लेकिन यह वास्तव में हमारा अनुभव है, और इसलिए आत्मन को मनबुद्धि से परे माना जाता है।

निष्कामकाममिह नाम कथं वदामि
निःसङ्गसङ्गमिह नाम कथं वदामि।
निःसारसाररहितं च कथं वदामि
ज्ञानामृतं समरसं गगनोपमोऽहम्।।४।।

मैं उसकी बात कैसे कर सकता हूं जो इच्छाहीन और इच्छुक है, आसक्त और अनासक्त है, सार है और शून्य है, मैं आकाश की भांति सर्वव्यापी समरूप ज्ञान का सार हूँ।।

आत्मन को समझने के लिए भाषा अनुपयोगी है। भाषा बुद्धि की क्षमता है, जो बहुत सीमित है।

अद्वैतरूपमखिलं हि कथं वदामि
द्वैतस्वरूपमखिलं हि कथं वदामि।
नित्यं त्वनित्यमखिलं हि कथं वदामि
ज्ञानमृतं समरसं गगनोपमोऽहम्।।५।।

मैं उस संपूर्णता की बात कैसे कर सकता हूं जो अद्वैत है, जिसे द्वैत के रूप में व्यक्त किया गया है, जो शाश्वत और अनित्य दोनों के रूप में प्रकट होता है। मैं आकाश की भांति सर्वव्यापी समरूप ज्ञान का सार हूँ।

कोई टिप्पणी नहीं।

स्थूलं हि नो नहि कृशं न गतागतं हि
आद्यन्तमध्यरहितं न परापरं हि।

सत्यं वदामि खलु वै परमार्थतत्त्वं

ज्ञानामृतं समरसं गगनोपमोऽहम्।।६।।

यह न तो स्थूल है और न सूक्ष्म है, न जाता है, न आता है, न आदि, अंत या मध्य है, यह सब से परे है और नहीं भी। मैं सच बोलता हूं, यही परम सत्य है, मैं आकाश की भांति सर्वव्यापी समरूप ज्ञान का सार हूँ।

कोई टिप्पणी नहीं।

संविद्धि सर्वकरणानि नभोनिभानि

संविद्धि सर्वविषयांश्च नभोनिभांश्च।

संविद्धि चैकममलं न हि बन्धमुक्तं

ज्ञानामृतं समरसं गगनोपमोऽहम्।।७।।

यह अच्छी तरह से जान लें कि सभी इंद्रिय अंतःकरण आदि आकाश की भांति शून्य हैं, सभी विषय शून्य हैं। जो शुद्ध और असीम है उसे जानो। मैं आकाश की भांति सर्वव्यापी समरूप ज्ञान का सार हूँ।

कोई टिप्पणी नहीं।

दुर्बोधबोधगहनो न भवामि तात

दुर्लक्ष्यलक्ष्यगहनो न भवामि तात।

आसन्नरूपगहनो न भवामि तात

ज्ञानामृतं समरसं गगनोपमोऽहम्।।८।।

हे पुत्र, मैं ज्ञान से परे नहीं हूं लेकिन मैं कुछ गहरा ज्ञान भी नहीं हूं जिसे प्राप्त करना असंभव हो। मैं एकाग्र ध्यान से परे नहीं हूं, न ही मैं कोई अद्भुत ध्यान हूं, मैं निराकार नहीं हूं और न ही मैं कोई अनजाना रूप हूं, मैं आकाश की भांति सर्वव्यापी समरूप ज्ञान का सार हूँ।

दत्तात्रेय यह बहुत स्पष्ट कर रहे हैं कि आत्मन को समझाने के लिए अजीबोगरीब अवधारणाओं का आविष्कार नहीं करना चाहिए।

निष्कर्मकर्मदहनो ज्वलनो भवामि

निर्दुःखदुःखदहनो ज्वलनो भवामि।

निर्देहदेहदहनो ज्वलनो भवामि

ज्ञानामृतं समरसं गगनोपमोऽहम्।।९।।

कर्म मेरे नहीं है, मैं वह अग्नि हूं जो कर्म को जलाती है, मुझे दुख नहीं है, मैं वह अग्नि हूं जो दुख को जलाती है, मेरे पास शरीर नहीं है, मैं वह आग हूं जो शरीर को जलाती है। मैं आकाश की भांति सर्वव्यापी समरूप ज्ञान का सार हूँ।

आत्मन के साथ पहचान भ्रामक शरीरों, मानसिक अवस्थाओं और कारण स्मृतियों को अप्रभावी बना देती है। मन/शरीर से तादात्म्य उनका कारण है और वे अज्ञानवश वास्तविक प्रतीत होते हैं।

निष्पापपापदहनो हि हुताशनोऽहं
निर्धर्मधर्मदहनो हि हुताशनोऽहम्।
निर्बन्धबन्धदहनो हि हुताशनोऽहं
ज्ञानामृतं समरसं गगनोपमोऽहम्।।१०।।

मैं पापी नहीं हूँ, मैं वह आग हूँ जो पाप को जला देती है। मैं पुण्य का कर्ता नहीं हूँ, मैं वह अग्नि हूँ जो पुण्य कर्मों को जलाती है। मैं बंधा नहीं हूं, मैं वह आग हूं जो बंधन को जलाती है। मैं आकाश की भांति सर्वव्यापी समरूप ज्ञान का सार हूँ।

कोई टिप्पणी नहीं।

निर्भावभावरहितो न भवामि वत्स
निर्योगयोगरहितो न भवामि वत्स।
निश्चित्तचित्तरहितो न भवामि वत्स
ज्ञानामृतं समरसं गगनोपमोऽहम्।।११।।

हे पुत्र, मैं होने और न होने से परे हूं, मैं मिलन और अलगाव से परे हूं, मैं चित्तवृत्ती और उनकी अनुपस्थिति से परे हूं। मैं आकाश की भांति सर्वव्यापी समरूप ज्ञान का सार हूँ।

कोई टिप्पणी नहीं।

निर्मोहमोहपदवीति न मे विकल्पो
निःशोकशोकपदवीति न मे विकल्पः।
निर्लोभलोभपदवीति न मे विकल्पो
ज्ञानामृतं समरसं गगनोपमोऽहम्।।१२।।

कोई आसक्तियों में लीन है, लेकिन मैं अनासक्त हूं, मुझमें यह अज्ञान नहीं है। कोई दुख में लीन है, लेकिन मैं उससे मुक्त हूं, मुझमें यह अज्ञान नहीं है। कोई लोभ में लिप्त है, मैं लोभी नहीं हूं, मुझमें यह अज्ञान नहीं है। मैं आकाश की भांति सर्वव्यापी समरूप ज्ञान का सार हूँ।

कोई टिप्पणी नहीं।

संसारसन्तिलता न च मे कदाचित्
सन्तोषसन्ततिसुखो न च मे कदाचित्।
अज्ञानबन्धनमिदं न च मे कदाचित्
ज्ञानामृतं समरसं गगनोपमोऽहम्।।१३।।

मैं कभी भी सांसारिक मामलों में नहीं उलझता, उनसे मिलने वाला संतोष और सुख कभी मेरा नहीं होता, अज्ञान का बंधन कभी मेरा नहीं होता। मैं आकाश की भांति सर्वव्यापी समरूप ज्ञान का सार हूँ।

ये सब चित्तवृत्तियाँ हैं, क्योंकि इन्हें अनुभव किया जा सकता है, ये सारा मैं नहीं।

संसारसन्ततिरजो न च मे विकारः
सन्तापसन्तिततमो न च मे विकारः।
सत्त्वं स्वधर्मजनकं न च मे विकारो
ज्ञानामृतं समरसं गगनोपमोऽहम्।।१४।।

सांसारिक गतिविधियों से मुझमें कोई दोष नहीं आता। निष्क्रियता से उत्पन्न दुख से मुझमें कोई दोष नहीं आता। सत्य से उत्पन्न सम्यक आचरण से मुझमें कोई दोष नहीं आता। मैं आकाश की भांति सर्वव्यापी समरूप ज्ञान का सार हूँ।

रजस - गतिविधि, तमस - निष्क्रियता, सत्व - संतुलित। आत्मन इनसे अप्रभावित रहता है, इस पर संस्कार नहीं पड़ते।

सन्तापदुःखजनको न विधिः कदाचित्
सन्तापयोगजनितं न कदाचित् मनः।
यस्मादहङ्कृतिरियं न च मे कदाचित
ज्ञानामृतं समरसं गगनोपमोऽहम्।।१५।।

मैं दुख या पीड़ा पैदा नहीं करता। योग वियोग दुख पैदा नहीं करता। ये सभी अहंकारी वृत्तियाँ मैं नहीं हूँ। मैं आकाश की भांति सर्वव्यापी समरूप ज्ञान का सार हूँ।

कोई टिप्पणी नहीं।

निष्कम्पकम्पनिधनं न विकल्पकल्पं
स्वप्नप्रबोधनिधनं न हिताहितं हि।
निःसारसारनिधनं न चराचरं हि
ज्ञानामृतं समरसं गगनोपमोऽहम्।।१६।।

मैं परिवर्तन और परिवर्तनहीनता का अंत हूं। मुझे कोई भ्रम या कल्पना नहीं है। मैं स्वप्न और जागृत अवस्था का अंत हूं। मैं न तो लाभकारी हूं और न ही हानिकारक। मैं आवश्यक और अनावश्यक का अंत हूं। मैं गतिमान या स्थिर नहीं हूँ। मैं आकाश की भांति सर्वव्यापी समरूप ज्ञान का सार हूँ।

कोई टिप्पणी नहीं।

नो वेद्यवेदकमिदं न च हेतुतर्क्यं

वाचामगोचरमिदं न मनो न बुद्धिः।
एवं कथं हि भवतः कथयामि तत्त्वं
ज्ञानामृतं समरसं गगनोपमोऽहम्।।१७।।

मैं न तो जानने वाला हूं और न ही ज्ञेय। मैं कारण नहीं हूं और मैं प्रभाव नहीं हूं। मैं वाणी, मन या बुद्धि से परे हूं। सत्य को शब्दों द्वारा कैसे वर्णित किया जा सकता है? मैं आकाश की भांति सर्वव्यापी समरूप ज्ञान का सार हूँ।

कोई टिप्पणी नहीं।

निर्भिन्नभिन्नरहितं परमार्थतत्त्व
मन्तर्बहिर्न हि कथं परमार्थतत्त्वम्।
प्राक्सम्भवं न च रतं नहि वस्तु किञ्चित्
ज्ञानामृतं समरसं गगनोपमोऽहम्।।१८।।

मैं अंतिम सत्य हूं, जिसमें कोई आंतरिक और बाहरी विभाजन नहीं है, जिसका आदि अंत नहीं। मैं कोई वस्तु नहीं हूं। मैं आकाश की भांति सर्वव्यापी समरूप ज्ञान का सार हूँ।

कोई टिप्पणी नहीं।

रागादिदोषरहितं त्वहमेव तत्त्वं
दैवादिदोषरहितं त्वहमेव तत्त्वं।
संसारशोकरहितं त्वहमेव तत्त्वं
ज्ञानामृतं समरसं गगनोपमोऽहम्।।१९।।

मैं वह परम सत्य हूं जो आसक्तियों के दोषों से मुक्त है, जो प्रारब्ध के दोषों से रहित है, जो सांसारिक दोषों से मुक्त है। मैं आकाश की भांति सर्वव्यापी समरूप ज्ञान का सार हूँ।

कोई टिप्पणी नहीं।

स्थानत्रयं यदि च नेति कथं तुरीयं
कालत्रयं यदि च नेति कथं दिशश्च।
शान्तं पदं हि परगं परगार्थतत्त्वं
ज्ञानामृतं समरसं गगनोपमोऽहम्।।२०।।

यदि मैं तीन अवस्थाएं नहीं हूं, तो मैं चौथी कैसे हो सकता हूं? यदि कालातीत हूँ तो किसी दिशा में कैसे हो सकता हूँ? मैं परम सत्य परम शांति हूं। मैं आकाश की भांति सर्वव्यापी समरूप ज्ञान का सार हूँ।

तीन स्थान - चित्त की तीन अवस्थाएँ, जागृति स्वप्न और सुषुप्ति, चौथी है तुरीय - तीनों अवस्थाओं में चेतना होना। आत्मन सदा सभी अवस्थाओं में स्थायी

है।

तीन काल - भूत, वर्तमान और भविष्य। आगे अनंत काल या कालातीतता है। आत्मन हर समय निरंतर है।

दीर्घो लघुः पुनरितीह न मे विभागो

विस्तारसंकटमितीह न मे विभागः।

कोणं हि वर्तुलमितीह न मे विभागो

ज्ञानामृतं समरसं गगनोपमोऽहम्।।२१।।

मुझमें बड़े और छोटे का विभाजन नहीं है। मुझमें विस्तृत और संकीर्ण के विभाजन नहीं हैं। मुझमें कोणीय या गोलाकार के विभाजन नहीं हैं। मैं आकाश की भांति सर्वव्यापी समरूप ज्ञान का सार हूँ।

आत्मन को कोई भी रूप देना भूल है। सभी रूपों को देखा जा सकता है और आत्मन सदा रूप का द्रष्टा होता है। अतः आत्मन का किसी भी आकार प्रकार का होना असंभव है।

मातापितादि तनयादि न मे कदाचित्

जातं मृतं न च मनो न च मे कदाचित्।

निर्व्याकुलं स्थिरमिदं परमार्थतत्त्वं

ज्ञानामृतं समरसं गगनोपमोऽहम्।।२२।।

मेरे कभी पिता, माता या बच्चे नहीं थे। मैं कभी पैदा नहीं हुआ, कभी मरा नहीं। मैं मन नहीं हूं। मैं चिंता से मुक्त हूं - परम सत्य, बहुत स्थिर। मैं आकाश की भांति सर्वव्यापी समरूप ज्ञान का सार हूँ।

कोई टिप्पणी नहीं।

शुद्धं विशुद्धमविचारमनन्तरूपं

निर्लेपलेपमविचारमनन्तरूपम्।

निष्खण्डखण्डमविचारमनन्तरूपं

ज्ञानामृतं समरसं गगनोपमोऽहम्।।२३।।

मैं अनंत और अकल्पनीय, शुद्ध और अशुद्ध से परे, आसक्त और अनासक्त, विभाज्य और अविभाज्य से परे हूं। मैं आकाश की भांति सर्वव्यापी समरूप ज्ञान का सार हूँ।

कोई टिप्पणी नहीं।

ब्रह्मादयः सुरगणाः कथमत्र सन्ति

स्वर्गादयो वसतयः कथमत्र सन्ति।

यद्येकरूपममलं परमार्थतत्त्वं

ज्ञानामृतं समरसं गगनोपमोऽहम्।।२४।।

रचयिता (ब्रह्मा), सुर असुर आदि कैसे हो सकते हैं? स्वर्ग और अन्य लोक कैसे हो सकते हैं? मैं परम सत्य हूं, निष्कलंक हूं। मैं आकाश की भांति सर्वव्यापी समरूप ज्ञान का सार हूँ।

कोई टिप्पणी नहीं।

निर्नेति नेति विमलो हि कथं वदामि

निःशेषशेषविमलो हि कथं वदामि।

निर्लिङ्गलिङ्गविमलो हि कथं वदामि

ज्ञानामृतं समरसं गगनोपमोऽहम्।।२५।।

मैं उस पवित्रता की बात कैसे कर सकता हूं जो न यह है न वह है, जो आलम्बित नहीं है और नींव भी है, जिसमें लिंग है और लिंग रहित भी है? मैं आकाश की भांति सर्वव्यापी समरूप ज्ञान का सार हूँ।

न यह न वह - वह जो उन्मूलन प्रक्रिया के परिणामस्वरूप मिलता है - नेति-नेति विधि।

निष्कर्मकर्मपरमं सततं करोमि

निःसङ्गसङ्गरहितं परमं विनोदम्।

निर्देहदेहरहितं सततं विनोदं

ज्ञानामृतं समरसं गगनोपमोऽहम्।।२६।।

मैं कर्म हीनता से सभी कर्म कर रहा हूं। मैं अनासक्त या वैराग्य के बिना शाश्वत आनंद हूं। मैं शरीर के साथ और बिना शरीर के शाश्वत आनंद हूं। मैं आकाश की भांति सर्वव्यापी समरूप ज्ञान का सार हूँ।

कोई टिप्पणी नहीं।

मायाप्रपञ्चरचना न च मे विकारः

कौटिल्यदम्भरचना न च मे विकारः।

सत्यानृतेति रचना न च मे विकारो

ज्ञानामृतं समरसं गगनोपमोऽहम्।।२७।।

मैं मायावी भौतिक जगत से, छल और अहंकार से या इस सृष्टि में प्रतीत सत्य या असत्य से प्रभावित नहीं हूँ। मैं आकाश की भांति सर्वव्यापी समरूप ज्ञान का सार हूँ।

कोई टिप्पणी नहीं।

सन्ध्यादिकालरहितं न च मे वियोगो

ह्यन्तः प्रबोधरहितं बधिरो न मूकः।

एवं विकल्परहितं न च भावशुद्धं
ज्ञानामृतं समरसं गगनोपमोऽहम्।।२८।।

मुझमें समय, संध्या या प्रातः का अभाव है। मेरा कोई खंड नहीं है। मैं कोई आंतरिक संवेदना नहीं हूँ। मैं न गूंगा हूं और न बहरा। मैं पावन नहीं बनता। मैं पहले से ही शुद्ध हूं, भ्रम से मुक्त हूं। मैं आकाश की भांति सर्वव्यापी समरूप ज्ञान का सार हूँ।

कोई टिप्पणी नहीं।

निर्नाथनाथरहितं हि निराकुलं वै
निश्चित्तचित्तविगतं हि निराकुलं वै।
संविद्धि सर्वविगतं हि निराकुलं वै
ज्ञानामृतं समरसं गगनोपमोऽहम्।।२९।।

मैं शान्त हूँ, जो गुरु के साथ है और उसके बिना भी, जो चित्त के साथ-साथ उसके अभाव में भी है। अच्छी तरह जान लो कि मैं ही वह शांति हूँ जो सब से परे है। मैं आकाश की भांति सर्वव्यापी समरूप ज्ञान का सार हूँ।

कोई टिप्पणी नहीं।

कान्तारमन्दिरमिदं हि कथं वदामि
संसिद्धसंशयमिदं हि कथं वदामि।
एवं निरन्तरसमं हि निराकुलं वै
ज्ञानामृतं समरसं गगनोपमोऽहम्।।३०।।

मैं कैसे कह सकता हूं कि यह एक वन या मंदिर है? मैं कैसे कह सकता हूं कि यह सिद्ध या संदिग्ध है? मैं निरंतर शांतिपूर्ण हूं। मैं आकाश की भांति सर्वव्यापी समरूप ज्ञान का सार हूँ।

आत्मन न वन जाने से मिलेगा न मंदिर में, न सिद्धियों में न तर्क वितर्क में।

निर्जीवजीवरहितं सततं विभाति
निर्बीजबीजरहितं सततं विभाति।
निर्वाणबन्धरहितं सततं विभाति
ज्ञानामृतं समरसं गगनोपमोऽहम्।।३१।।

जीवन और निर्जीवता से रहित सदा दीप्त हूँ। बीज हूँ और बीजहीन भी। जो मुक्ति और बंधन से रहित है वह सदा दीप्त है। मैं आकाश की भांति सर्वव्यापी समरूप ज्ञान का सार हूँ।

मैं बीजशरीर या कारण शरीर नहीं जो बारंबार जन्म लेता है।

सम्भूतिवर्जितमिदं सततं विभाति

संसारवर्जितमिदं सततं विभाति।
संहारवर्जितमिदं सततं विभाति
ज्ञानामृतं समरसं गगनोपमोऽहम्।।३२।।

आदि अंत रहित स्वयंभू यह सदा दीप्त है। सांसारिक अस्तित्व से रहित यह सदा दीप्त है। विनाश से रहित यह सदा दीप्त है। मैं आकाश की भांति सर्वव्यापी समरूप ज्ञान का सार हूँ।

कोई टिप्पणी नहीं।

उल्लेखमात्रमपि ते न च नामरूपं
निर्भिन्नभिन्नमपि ते न हि वस्तु किञ्चित्।
निर्लज्जमानस करोषि कथं विषादं
ज्ञानामृतं समरसं गगनोपमोऽहम्।।३३।।

यह बताने पर भी कि तुम कोई नाम और रूप नहीं हो। न् विभेदित या अविभेदित हो, कोई वस्तु नहीं हो, हे निर्लज्ज मन तुम दुखी क्यों हो? मैं आकाश की भांति सर्वव्यापी समरूप ज्ञान का सार हूँ।

दुख नामरूप, व्यक्तित्व और वस्तुओं से तादात्म्य और लगाव के कारण होता है, ये सभी भ्रमपूर्ण और अस्थायी हैं।

किं नाम रोदिषि सखे न जरा न मृत्युः
किं नाम रोदिषि सखे न च जन्मदुःखम्।
किं नाम रोदिषि सखे न च ते विकारो
ज्ञानामृतं समरसं गगनोपमोऽहम्।।३४।।

मेरे मित्र तुम क्यों रोते हो, तुम्हारा कोई बुढ़ापा नहीं है, कोई मृत्यु नहीं है, तुम्हारा कोई जन्म नहीं है, कोई दुख नहीं है, तुम्हारे कोई दोष नहीं है। मैं आकाश की भांति सर्वव्यापी समरूप ज्ञान का सार हूँ।

मिथ्यारुपी और अनित्य शरीर के साथ तादात्म्य और लगाव दुख का कारण है।

किं नाम रोदिषि सखे न च ते स्वरूपं
किं नाम रोदिषि सखे न च ते विरूपम्।
किं नाम रोदिषि सखे न च ते वयांसि
ज्ञानामृतं समरसं गगनोपमोऽहम्।।३५।।

मेरे मित्र तुम क्यों रोते हो, तुम्हारा कोई रूप नहीं है, तुम विकृत नहीं हो, तुम्हारा वय नहीं हो सकता। मैं आकाश की भांति सर्वव्यापी समरूप ज्ञान का सार हूँ।

आयु, शारीरिक अपंगता या कुरूपता दुःख का कारण हैं। ये सब मेरा नहीं।

किं नाम रोदिषि सखे न च ते वयांसि

किं नाम रोदिषि सखे न च ते मनांसि।

किं नाम रोदिषि सखे न तवेन्द्रियाणि

ज्ञानामृतं समरसं गगनोपमोऽहम्।।३६।।

मेरे मित्र तुम क्यों रोते हो, तुम बूढ़े नहीं हो, तुम मन नहीं हो, तुम इन्द्रियां नहीं हो। मैं आकाश की भांति सर्वव्यापी समरूप ज्ञान का सार हूँ।

कोई टिप्पणी नहीं।

किं नाम रोदिषि सखे न च तेऽस्ति कामः

किं नाम रोदिषि सखे न च ते प्रलोभः।

किं नाम रोदिषि सखे न च ते विमोहो

ज्ञानामृतं समरसं गगनोपमोऽहम्।।३७।।

मेरे मित्र तुम क्यों रोते हो, तुम्हारी कोई वासना नहीं है, तुम्हें कोई लालच नहीं है, तुम्हारा कोई लगाव नहीं है। मैं आकाश की भांति सर्वव्यापी समरूप ज्ञान का सार हूँ।

कोई टिप्पणी नहीं।

ऐश्वर्यमिच्छसि कथं न च ते धनानि

ऐश्वर्यमिच्छसि कथं न च ते हि पत्नी।

ऐश्वर्यमिच्छसि कथं न च ते ममेति

ज्ञानामृतं समरसं गगनोपमोऽहम्।।३८।।

आप समृद्धि की कामना क्यों करते हैं, आपके पास धन नहीं है, आपके पास पत्नी नहीं है, आपके पास कुछ भी नहीं है। मैं आकाश की भांति सर्वव्यापी समरूप ज्ञान का सार हूँ।

आत्मन जीवन के इस नाटक का मौन साक्षी है - जो संसार है। यह सदा विरक्त है। मन संग्रह और जमाखोरी, संबंध और बंधन बनाने, स्वामित्व और त्याग में लिप्त है। यह वृति जीवन के सम्पूर्ण नाटक को जन्म देती है।

लिङ्गप्रपञ्चजनुषी न च ते न मे च

निर्लज्जमानसमिदं च विभाति भिन्नम्।

निर्भेदभेदरहितं न च ते न मे च

ज्ञानामृतं समरसं गगनोपमोऽहम्।।३९।।

आप और मैं दोनों इस मायावी भौतिक संसार से पैदा नहीं हुए हैं। निर्लज्ज मन बांटकर भेद करता है। आप और मैं दोनों ही भेद अभेद से मुक्त हैं। मैं आकाश की

भांति सर्वव्यापी समरूप ज्ञान का सार हूँ।

कोई टिप्पणी नहीं।

नो वाणुमात्रमपि ते हि विरागरूपं

नो वाणुमात्रमपि ते हि सरागरूपम्।

नो वाणुमात्रमपि ते हि सकामरूपं

ज्ञानामृतं समरसं गगनोपमोऽहम्।।४०।।

तुम्हारे स्वभाव में तनिक भी वैराग्य नहीं है, तनिक भी मोह नहीं है, छोटी से छोटी इच्छा भी नहीं है। मैं आकाश की भांति सर्वव्यापी समरूप ज्ञान का सार हूँ।

इच्छाएं मन की होती हैं और लगातार संस्कारों या स्मृतिओं से उत्पन्न होती हैं। एक अज्ञानी मन, यह मानकर उनके पीछे दौड़ता है कि उन सभी को अवश्य पूरा किया जाना चाहिए और किसी तरह वे सब सत्य हैं, मेरी हैं और महत्वपूर्ण हैं।

ध्याता न ते हि हृदये न च ते समाधि

ध्यानं न ते हि हृदये न बहिः प्रदेशः।

ध्येयं न चेति हृदये न हि वस्तु कालो

ज्ञानामृतं समरसं गगनोपमोऽहम्।।४१।।

आपके मूल में कोई समाधी नहीं है, कोई ध्यानी नहीं है, आपके मूल में कोई बाहरी नहीं है, कोई अंतर्मन में नहीं है, आपके मूल में कोई समय और स्थान नहीं है, ध्यान की कोई वस्तु नहीं है। मैं आकाश की भांति सर्वव्यापी समरूप ज्ञान का सार हूँ।

आध्यात्मिक साधनाओं का यह खेल भी अर्थहीन है।

यत्सारभूतमखिलं कथितं मया ते

न त्वं न मे न महतो न गुरुर्न शिष्यः।

स्वच्छन्दरूपसहजं परमार्थतत्त्वं

ज्ञानामृतं समरसं गगनोपमोऽहम्।।४२।।

मैंने आपको ज्ञान का सम्पूर्ण सार बता दिया है। आप, मैं, पदार्थ, गुरु और शिष्य का कोई स्वतंत्र अस्तित्व नहीं है। परम सत्य स्वाभाविक रूप से मुक्त है। मैं आकाश की भांति सर्वव्यापी समरूप ज्ञान का सार हूँ।

कोई टिप्पणी नहीं।

कथमिह परमार्थं तत्त्वमानन्दरूपं

कथमिह परमार्थं नैवमानन्दरूपम्।

कथमिह परमार्थं ज्ञानविज्ञानरूपं

यदि परमहमेकं वर्तते व्योमरूपम्।।४३।।

यदि मैं अंततः एक हूं, तो आकाश की तरह, आनंद की प्रकृति सत्य कैसे हुआ? दुख की प्रकृति सत्य कैसे हुआ? ज्ञान की प्रकृति सत्य कैसे हुआ?

कोई टिप्पणी नहीं।

दहनपवनहीनं विद्धि विज्ञानमेक

मवनिजलविहीनं विद्धि विज्ञानरूपम्।

समगमनविहीनं विद्धि विज्ञानमेकं

गगनमिव विशालं विद्धि विज्ञानमेकम्।।४४।।

जानो कि केवल एक ही ज्ञान है - वह अग्नि नहीं है, वायु नहीं है, पृथ्वी नहीं है, जल नहीं है, यह कभी नहीं आता और न जाता है, यह अनंत आकाश की तरह है।

कोई टिप्पणी नहीं।

न शून्यरूपं न विशून्यरूपं

न शुद्धरूपं न विशुद्धरूपम्।

रूपं विरूपं न भवामि किञ्चित्

स्वरूपरूपं परमार्थतत्त्वम्।।४५।।

यह कुछ है, कुछ नहीं भी है। यह शुद्ध नहीं है, अशुद्ध नहीं है। वह रूप नहीं है, निराकार नहीं है। परम सत्य की अपनी अनूठी प्रकृति है।

आत्मन एक अनूठा सत्य है, किसी और के साथ अतुलनीय है। यह अपनी तरह का एक है, और वास्तव में इसका ही अस्तित्व है। बाकी सब मिथ्या है।

मुञ्च मुञ्च हि संसारं त्यागं मुञ्च हि सर्वथा।

त्यागात्यागविषं शुद्धममृतं सहजं ध्रुवम्।।४६।।

माया रुपी संसार का परित्याग करो और त्याग को सर्वथा त्याग दो। त्याग और बंधन दोनों ही विष हैं। आपका सार शुद्ध, प्राकृतिक और अपरिवर्तनीय है।

एक बार जब आत्मज्ञान हो जाता है, तो त्याग के लिए कुछ भी नहीं बचा है, क्योंकि आत्मन के पास कुछ भी नहीं है, यह कुछ भी नहीं है, यह शून्य है। त्याग एक अनावश्यक और अर्थहीन कार्य बन जाता है। आसक्ति स्पष्ट रूप से अनावश्यक है और अर्थहीन भी।

इति तृतीयोऽध्यायः ।।३।।

4

अध्याय ४

अथ चतुर्थोऽध्यायः ।।
अवधूत उवाच
नावाहनं नैव विसर्जनं वा
पुष्पाणि पत्राणि कथं भवन्ति।
ध्यानानि मन्त्राणि कथं भवन्ति
समासमं चैव शिवार्चनं च।।१।।

आह्वान और प्रसाद का क्या उपयोग है, फूलों और पत्तियों का क्या उपयोग है, ध्यान और मंत्रों का क्या उपयोग है? सर्वोच्च आत्मन और उसका उपासक एक ही हैं।

केवल मैं हूं, उसे सर्वोच्च मानकर उसकी पूजा करना व्यर्थ है। एक अज्ञानी बहुधा इसे एक रूप देकर उपासना करता है, और फिर उसे पत्ते, फूल, भोजन और कपड़े आदि सामान अर्पित करता है।

न केवलं बन्धविबन्धमुक्तो
न केवलं शुद्धविशुद्धमुक्तः।
न केवलं योगवियोगमुक्तः
स वै विमुक्तो गगनोपमोऽहम्।।२।।

मैं केवल बंधन और असीमता से मुक्त नहीं हूं, मैं केवल पवित्रता और अशुद्धता से मुक्त नहीं हूं, मैं केवल मिलन और अलगाव से मुक्त नहीं हूं, मैं आकाश की भांति मुक्त हूं।

कोई टिप्पणी नहीं।

सञ्जायते सर्वमिदं हि तथ्यं

सञ्जायते सर्वमिदं वितथ्यम्।

एवं विकल्पो मम नैव जातः

स्वरूपनिर्वाणमनामयोऽहम्।।३।।

सब सत्य है या सब असत्य है, ऐसा अज्ञान मुझमें उत्पन्न नहीं होता। मैं माया नहीं हूं, मेरा स्वभाव स्वतंत्रता है।

माया - भ्रम। यह अज्ञान कि आत्मन से स्वतंत्र अस्तित्व है।

न साञ्जनं चैव निरञ्जनं वा

न चान्तरं वापि निरन्तरं वा।

अन्तर्विभिन्नं न हि मे विभाति

स्वरूपनिर्वाणमनामयोऽहम्।।४।।

मैं पूर्ण नहीं हूं और अपूर्ण भी नहीं हूं। मैं शाश्वत नहीं हूँ और अविनाशी भी नहीं हूँ। मैं विभाजित नहीं हूं और अविभाजित नहीं हूं। मैं माया नहीं हूं, मेरा स्वभाव स्वतंत्रता है।

यहाँ और निम्नलिखित कई छंदों में यह बताया जा रहा है कि आत्मन के लिए द्वैत धारणा वास्तव में लागू नहीं होती है। हम केवल इतना कह सकते हैं कि यह द्वैत नहीं हैं। हम आत्मन के संबंध में "पूर्ण" या "शाश्वत" जैसे कुछ शब्दों का उपयोग करते हैं, किन्तु, वे केवल रूपक हैं, हमारी भाषा और बुद्धि की एक सीमा है।

अबोधबोधो मम नैव जातो

बोधस्वरूपं मम नैव जातम्।

निर्बोधबोधं च कथं वदामि

स्वरूपनिर्वाणमनामयोऽहम्।।५।।

मेरे पास कोई अज्ञान या ज्ञान नहीं है। मुझमें ज्ञान कभी नहीं उपजता। मैं अज्ञान और ज्ञान के बारे में कैसे कह सकता हूँ? मैं माया नहीं हूं, मेरा स्वभाव निर्वाण है।

अज्ञान के साथ-साथ ज्ञान स्मृति के रूप में चित में स्थित है।

न धर्मयुक्तो न च पापयुक्तो

न बन्धयुक्तो न च मोक्षयुक्तः।

युक्तं त्वयुक्तं न च मे विभाति

स्वरूपनिर्वाणमनामयोऽहम्।।६।।

मेरा कोई सही आचरण या गलत आचरण नहीं है। मेरा कोई बंधन और मुक्ति नहीं है। मैं न संयुक्त हूँ न वियुक्त हूँ। मैं माया नहीं हूं, मेरा स्वभाव निर्वाण है।

कोई टिप्पणी नहीं।

परापरं वा न च मे कदाचित्
मध्यस्थभावो हि न चारिमित्रम्।
हिताहितं चापि कथं वदामि
स्वरूपनिर्वाणमनामयोऽहम्।।७।।

न मैं परा हूँ न अपरा, न ही मैं बीच में हूं। मेरे कोई मित्र और शत्रु नहीं हैं। मैं लाभ या हानि के बारे में कैसे कह सकता हूं? मैं माया नहीं हूं, मेरा स्वभाव निर्वाण है।

कोई टिप्पणी नहीं।

नोपासको नैवमुपास्यरूपं
न चोपदेशो न च मे क्रिया च।
संवित्स्वरूपं च कथं वदामि
स्वरूपनिर्वाणमनामयोऽहम्।।८।।

मैं उपासक नहीं हूं, मैं पूज्य नहीं हूं, मैं उपदेश नहीं हूं, मैं अभ्यास नहीं हूं। मैं क्या कह सकता हूं, मैं बस आत्मन हूँ। मैं माया नहीं हूं, मेरा स्वभाव निर्वाण है।

कोई टिप्पणी नहीं।

नो व्यापकं व्याप्यमिहास्ति किञ्चित्
न चालयं वापि निरालयं वा।
अशून्यशून्यं च कथं वदामि
स्वरूपनिर्वाणमनामयोऽहम्।।९।।

कुछ भी नहीं है जो व्याप्त है, कुछ भी नहीं है जिसमे कुछ व्याप्त है। न कुछ प्रकट होता है न विलीन। मैं अस्तित्व या अस्तित्वहीनता के बारे में क्या कह सकता हूं? मैं माया नहीं हूं, मेरा स्वभाव निर्वाण है।

यदि हम कहते हैं कि आत्मन सभी में व्याप्त है, अर्थात यह "सब कुछ" है जो आत्मन से अलग है, जो सटीक वाक्य नहीं है। आत्मन बस है, कुछ शब्द जैसे "सर्वव्यापी" या "अनंत" केवल रूपक हैं।

न ग्राहको ग्राह्यकमेव किञ्चित्
न कारणं वा मम नैव कार्यम्।
अचिन्त्यचिन्त्यं च कथं वदामि
स्वरूपनिर्वाणमनामयोऽहम्।।१०।।

मैं बोध नहीं हूँ, बोध्य भी नहीं हूँ। मैं कारण नहीं हूं, प्रभाव नहीं हूं। कल्पनीय और अकल्पनीय के बारे में मैं क्या कह सकता हूं? मैं माया नहीं हूं, मेरा स्वभाव

निर्वाण है।

कोई टिप्पणी नहीं।

न भेदकं वापि न चैव भेद्यं

न वेदकं वा मम नैव वेद्यम्।

गतागतं तात कथं वदामि

स्वरूपनिर्वाणमनामयोऽहम्।।११।।

कोई भेदभाव नहीं है, कोई भेद करने वाला नहीं है, कोई ज्ञाता नहीं है और कोई ज्ञात नहीं है। मैं आने और जाने के बारे में क्या कह सकता हूं? मैं माया नहीं हूं, मेरा स्वभाव निर्वाण है।

कोई टिप्पणी नहीं।

न चास्ति देहो न च मे विदेहो

बुद्धिर्मनो मे न हि चेन्द्रियाणि।

रागो विरागश्च कथं वदामि

स्वरूपनिर्वाणमनामयोऽहम्।।१२।।

मैं शरीर नहीं हूं, मैं अशरीरी नहीं हूं। मेरे मन, बुद्धि या इंद्रियां नहीं हैं। मैं आसक्ति और वैराग्य के बारे में क्या कह सकता हूं? मैं माया नहीं हूं, मेरा स्वभाव निर्वाण है।

कोई टिप्पणी नहीं।

उल्लेखमात्रं न हि भिन्नमुच्चै

रुल्लेखमात्रं न तिरोहितं वै।

समासमं मित्र कथं वदामि

स्वरूपनिर्वाणमनामयोऽहम्।।१३।।

कोई इसका उल्लेख नहीं कर सकता, जो विभाजित है। कोई उसका उल्लेख नहीं कर सकता, जो कभी प्रकट नहीं हुआ। मित्र, मतभेदों और समानताओं के बारे में मैं क्या कह सकता हूं? मैं माया नहीं हूं, मेरा स्वभाव निर्वाण है।

कोई टिप्पणी नहीं।

जितेन्द्रियोऽहं त्वजितेन्द्रियो वा

न संयमो मे नियमो न जातः।

जयाजयौ मित्र कथं वदामि

स्वरूपनिर्वाणमनामयोऽहम्।।१४।।

मैंने कभी इंद्रियों पर विजय प्राप्त नहीं की है, मैं संयम और नियमों को नहीं जानता। मैं जीत और हार के बारे में क्या कह सकता हूं, मित्र? मैं माया नहीं हूं, मेरा

स्वभाव निर्वाण है।

कोई टिप्पणी नहीं।

अमूर्तमूर्तिर्न च मे कदाचिदा

द्यन्तमध्यं न च मे कदाचित्।

बलाबलं मित्र कथं वदामि

स्वरूपनिर्वाणमनामयोऽहम्।।१५।।

मैं आकार या निराकार नहीं हूं। मेरा कोई आदि नहीं है, कोई मध्य नहीं है और कोई अंत नहीं है। मैं बल और निर्बल के बारे में क्या कह सकता हूं? मैं माया नहीं हूं, मेरा स्वभाव निर्वाण है।

कोई टिप्पणी नहीं।

मृतामृतं वापि विषाविषं च

सञ्जायते तात न मे कदाचित्।

अशुद्धशुद्धं च कथं वदामि

स्वरूपनिर्वाणमनामयोऽहम्।।१६।।

मैं नहीं मरता, मैं अमर नहीं हूं। मुझमें न तो विष है और न ही मैं विषहीन हूँ। ये, पुत्र, मैं नहीं जानता। पवित्र और अपवित्र के बारे में मैं क्या कहूँ? मैं माया नहीं हूं, मेरा स्वभाव निर्वाण है।

कोई टिप्पणी नहीं।

स्वप्नः प्रबोधो न च योगमुद्रा

नक्तं दिवा वापि न मे कदाचित्।

अतुर्यतुर्यं च कथं वदामि

स्वरूपनिर्वाणमनामयोऽहम्।।१७।।

मैं सपना नहीं देखता, मुझे नींद नहीं आती, मैं नहीं उठता, मैं किसी योग अवस्था में नहीं हूं। मैं दिन या रात नहीं जानता। मैं तुर्या या तुर्याभाव के बारे में क्या कह सकता हूँ? मैं माया नहीं हूं, मेरा स्वभाव निर्वाण है।

वे सभी अवस्थाएँ चित की अवस्थाएँ हैं। आत्मन की कोई अवस्था नहीं होती, वह परिवर्तनहीन है।

संविद्धि मां सर्वविसर्वमुक्तं

माया विमाया न च मे कदाचित्।

सन्ध्यादिकं कर्म कथं वदामि

स्वरूपनिर्वाणमनामयोऽहम्।।१८।।

मुझे अच्छी तरह से जानें सम्पूर्ण मुक्त हूँ। मुझमे सत्यासत्य नहीं है। मैं सांध्य - प्रातः के अनुष्ठानों के बारे में क्या कह सकता हूं? मैं माया नहीं हूं, मेरा स्वभाव निर्वाण है।

कोई टिप्पणी नहीं।

संविद्धि मां सर्वसमाधियुक्तं

संविद्धि मां लक्ष्यविलक्ष्यमुक्तम्।

योगं वियोगं च कथं वदामि

स्वरूपनिर्वाणमनामयोऽहम्।।१९।।

मुझे सदा समाधि में जानो, मुझे अच्छी तरह से जानो और लक्ष्यों और गैर-लक्ष्यों से मुक्त हो जाओ। मैं योग-वियोग के बारे में क्या कह सकता हूं? मैं माया नहीं हूं, मेरा स्वभाव निर्वाण है।

कोई टिप्पणी नहीं।

मूर्खोऽपि नाहं न च पण्डितोऽहं

मौनं विमौनं न च मे कदाचित्।

तर्कं वितर्कं च कथं वदामि

स्वरूपनिर्वाणमनामयोऽहम्।।२०।।

मैं मूर्ख नहीं हूं, मैं बुद्धिमान नहीं हूं। मैं मौन या अमौन नहीं देखता। मैं तर्क वितर्क के बारे में क्या कह सकता हूं? मैं माया नहीं हूं, मेरा स्वभाव निर्वाण है।

कोई टिप्पणी नहीं।

पिता च माता च कुलं न जातिर्

जन्मादि मृत्युर्न च मे कदाचित्।

स्नेहं विमोहं च कथं वदामि

स्वरूपनिर्वाणमनामयोऽहम्।।२१।।

मेरा कभी पिता, माता, परिवार, जाति, कभी जन्म, कभी मृत्यु नहीं हुई। मैं स्नेह और लगाव के बारे में क्या कह सकता हूं? मैं माया नहीं हूं, मेरा स्वभाव निर्वाण है।

कोई टिप्पणी नहीं।

अस्तं गतो नैव सदोदितोऽहं

तेजोवितेजो न च मे कदाचित्।

सन्ध्यादिकं कर्म कथं वदामि

स्वरूपनिर्वाणमनामयोऽहम्।।२२।।

मैं न आता हूँ और न जाता हूं। मैं सदा दीप्त हूं। मुझमें प्रकाश और अंधकार नहीं है। मैं प्रातः सांध्य के अनुष्ठानों के बारे में क्या कह सकता हूं? मैं माया नहीं हूं, मेरा स्वभाव निर्वाण है।

कोई टिप्पणी नहीं।

असंशयं विद्धि नराकुलं माम

संशयं विद्धि निरन्तरं माम्।

असंशयं विद्धि निरञ्जनं मां

स्वरूपनिर्वाणमनामयोऽहम्।।२३।।

बिना किसी संदेह के जानो, मैं बिना कष्ट के, निरंतर, निरंजन हूं। मैं माया नहीं हूं, मेरा स्वभाव निर्वाण है।

कोई टिप्पणी नहीं।

ध्यानानि सर्वाणि परित्यजन्ति

शुभाशुभं कर्म परित्यजन्ति।

त्यागामृतं तात पिबन्ति धीराः

स्वरूपनिर्वाणमनामयोऽहम्।।२४।।

मैंने ध्यान त्याग दिया है। मैंने अच्छे और बुरे कर्म त्याग दिए हैं। मैं त्याग का अमृत पी रहा हूं। मैं माया नहीं हूं, मेरा स्वभाव निर्वाण है।

कोई टिप्पणी नहीं।

विन्दति विन्दति न हि न हि यत्र

छन्दोलक्षणं न हि न हि यत्र।

समरसमग्नो भावितपूतः

प्रलपति तत्त्वं परमवधूतः।।२५।।

जहां ज्ञान नहीं वहां श्लोक नहीं जाते। मैं संसारी हूं और मैं त्यागी हूं। मैंने परम सत्य बोल दिया है।

कोई टिप्पणी नहीं।

इति चतुर्थोऽध्यायः ।। ४।।

5

अध्याय ५

जैसा कि यह जप किया जाता है, ओम् आकाश की तरह है। इसका कोई उच्च या निम्न नहीं है। प्रकाश और अंधकार का खेल कभी बाधित नहीं होता। ओम पर बिंदी का कोई प्रभाव कैसे हो सकता है?

ओम् एक प्रतीक है जो नाद को दर्शाता है जो सभी रचनाओं के मूल में है। नाद केवल परिवर्तन हैं। परिवर्तन जनित नादरचनाएँ हैं जिन्हें हम वस्तुओं, लोकों और चित्त के रूप में देखते हैं। ओम्, जैसा कि यह कहा जाता है, में न्यूनतम से उच्चतम तक कंपन आवृत्तियां होती हैं।

आरंभिक ध्वनि आ निम्नतम को इंगित करता है, और अंत में म उच्चतम को दर्शाता है, जो ओम् के ऊपर बिंदी द्वारा दर्शाया गया है, और इसका अर्थ है सृष्टि का अंत।

दत्तात्रेय यहां कह रहे हैं कि इस तरह के सिद्धांत का वास्तव में कोई अर्थ नहीं है, सृष्टि कभी आरम्भ नहीं होती न अंत होती है।

इति तत्त्वमसिप्रभृतिश्रुतिभिः
प्रतिपादितमात्मनि तत्त्वमसि।
त्वमुपाधिविवर्जितसर्वसमं

"

किमु रोदिषि मानसि सर्वसमम्।।२।।

"तुम वह हो" - शास्त्र कहते हैं। "तुम वह हो" - आत्मन सिद्ध करता है। आप किसी भी उपाधि से परे हैं। हे मन क्यों रोते हो? आत्मन सर्व समान है।

"तुम वह हो" - तत् त्वं असि, महान वाक्यों या महान सत्यों में से एक है। "वह" आत्मन के अलावा और कुछ नहीं है।

अधऊर्ध्वविवर्जितसर्वसमं
बहिरन्तरवर्जितसर्वसमम्।
यदि चैकविवर्जितसर्वसमं
किमु रोदिषि मानसि सर्वसमम्।।३।।

ऊपर और नीचे से परे, आंतरिक और बाहरी से परे, यदि केवल एक और एक ही आत्मन है, हे मन क्यों रोते हो? आत्मन सर्व समान है।

केवल एक आत्मन है। बहुत से नहीं हैं, प्रत्येक व्यक्ति के पास एक नहीं है। यह आकाश के समान है, जैसे प्रत्येक व्यक्ति को एक ही आकाश दिखाई देता है, प्रत्येक को एक ही आत्मन का ज्ञान होता है।

अद्वैत आवश्यक है। क्योंकि दो होने पर, पहला दूसरे के लिए एक वस्तु बन सकता है, और आत्मन कभी भी एक वस्तु नहीं हो सकता, यह सदा साक्षी ही होता है।

न हि कल्पितकल्पविचार इति
न हि कारणकार्यविचार इति।
पदसन्धिविवर्जितसर्वसमं
किमु रोदिषि मानसि सर्वसमम्।।४।।

कल्पना और कल्पित में कोई भेद नहीं है। कारण और प्रभाव के बीच कोई भेद नहीं है। कविता और उसके शब्दों में कोई भेद नहीं है। हे मन क्यों रोते हो? आत्मन सर्व समान है।

कोई टिप्पणी नहीं।

न हि बोधविबोधरागाधिरिति
न हि देशविदेशसमाधिरिति।
न हि कालविकालसमाधिरिति
किमु रोदिषि मानसि सर्वसमम्।।५।।

कोई ज्ञान और कोई अज्ञान नहीं है। स्थान या स्थानाभाव नहीं है। कोई समय और समयहीनता नहीं है। हे मन क्यों रोते हो? आत्मन सर्व समान है।

कोई टिप्पणी नहीं।

न हि कुम्भनभो न हि कुम्भ इति
न हि जीववपुर्न हि जीव इति।
न हि कारणकार्यविभाग इति
किमु रोदिषि मानसि सर्वसमम्।।६।।

घड़े में आकाश नहीं है। न जीव है न जन्म है। कोई कारण शरीर या इसकी कोई क्रिया नहीं है। हे मन क्यों रोते हो? आत्मन सर्व समान है।

कोई टिप्पणी नहीं।

इह सर्वनिरन्तरमोक्षपदं
लघुदीर्घविचारविहीन इति।
न हि वर्तुलकोणविभाग इति
किमु रोदिषि मानसि सर्वसमम्।।७।।

यह सदा मुक्त है, सभी में अंतर नहीं है। यह बड़ा या छोटा नहीं है। यह गोलाकार या कोणीय नहीं है। हे मन क्यों रोते हो? आत्मन सर्व समान है।

कोई टिप्पणी नहीं।

इह शून्यविशून्यविहीन इति
इह शुद्धविशुद्धविहीन इति।
इह सर्वविसर्वविहीन इति
किमु रोदिषि मानसि सर्वसमम्।।८।।

यह शून्यता अशून्यता से मुक्त है। यह शुद्ध और अशुद्ध से मुक्त है। यह सर्वथा मुक्त है। हे मन क्यों रोते हो? आत्मन सर्व समान है।

कोई टिप्पणी नहीं।

न हि भिन्नविभिन्नविचार इति
बहिरन्तरसन्धिविचार इति।
अरिमित्रविवर्जितसर्वसमं
किमु रोदिषि मानसि सर्वसमम्।।९।।

भिन्नता अभिन्नता का कोई भेद नहीं है। आंतरिक या बाहरी का कोई भेद नहीं है। इसमें मित्र और शत्रु में कोई भेद नहीं है। यह समान रूप से एक है। हे मन क्यों रोते हो? आत्मन सर्व समान है।

कोई टिप्पणी नहीं।

न हि शिष्यविशिष्यस्वरूप इति
न चराचरभेदविचार इति।
इह सर्वनिरन्तरमोक्षपदं

किमु रोदिषि मानसि सर्वसमम्।।१०।।

कोई गुरु या शिष्य नहीं है। यह जीवित या निष्क्रिय में विभेदित नहीं है। यह सब कुछ है, निरंतर है, सदा मुक्त है। हे मन क्यों रोते हो? आत्मन सर्व समान है।

कोई टिप्पणी नहीं।

ननु रूपविरूपविहीन इति
ननु भिन्नविभिन्नविहीन इति।
ननु सर्गविसर्गविहीन इति
किमु रोदिषि मानसि सर्वसमम्।।११।।

कोई आकार नहीं और निराकार नहीं है। इसमें कोई विभाजन या विभाजन-रहित नहीं है। उसकी कोई रचना या विनाश नहीं है। हे मन क्यों रोते हो? आत्मन सर्व समान है।

कोई टिप्पणी नहीं।

न गुणागुणपाशनिबन्ध इति
मृतजीवनकर्म करोमि कथम्।
इति शुद्धनिरञ्जनसर्वसमं
किमु रोदिषि मानसि सर्वसमम्।।१२।।

मैं किसी गुण या अगुण से बंधा नहीं हूँ। मैं जीवन और मृत्यु के कार्यों को कैसे कर सकता हूं। मैं पवित्र, निरंजन, सभी में समान रूप से व्याप्त हूं। हे मन क्यों रोते हो? आत्मन सर्व समान है।

कोई टिप्पणी नहीं।

इह भावविभावविहीन इति
इह कामविकामविहीन इति।
इह बोधतमं खलु मोक्षसमं
किमु रोदिषि मानसि सर्वसमम्।।१३।।

यहाँ कोई अस्तित्व या नास्तित्व नहीं है। यहां कोई इच्छा या इच्छा-शून्यता नहीं है। मैं जानता हूं कि यहां मोक्ष के अलावा और कुछ नहीं है। हे मन क्यों रोते हो? आत्मन सर्व समान है।

कोई टिप्पणी नहीं।

इह तत्त्वनिरन्तरतत्त्वमिति
न हि सन्धिविसन्धिविहीन इति।
यदि सर्वविवर्जितसर्वसमं
किमु रोदिषि मानसि सर्वसमम्।।१४।।

यहाँ सत्य है जो अभेद्य है। इसमें जोड़ या खंड नहीं होते हैं। अगर वह सर्वमुक्त है और सभी में एक ही है तो हे मन क्यों रोते हो? आत्मन सर्व समान है।

कोई टिप्पणी नहीं।

अनिकेतकुटी परिवारसमं
इह सङ्गविसङ्गविहीनपरम्।
इह बोधविबोधविहीनपरं
किमु रोदिषि मानसि सर्वसमम्।।१५।।

मैं अनिकेत हूँ, मेरा कोई परिवार नहीं है। यहाँ न कोई संगति है और न कोई असन्तुलन है, अंत में कोई ज्ञान या अज्ञान नहीं है। हे मन क्यों रोते हो? आत्मन सर्व समान है।

कोई टिप्पणी नहीं।

अविकारविकारमसत्यमिति
अविलक्षविलक्षमसत्यमिति।
यदि केवलमात्मनि सत्यमिति
किमु रोदिषि मानसि सर्वसमम्।।१६।।

परिवर्तनशील या अपरिवर्तनशील, सत्य नहीं है। उद्देश्यपूर्ण या उद्देश्यहीन, सत्य नहीं है। यदि एकमात्र सत्य आत्मन है, हे मन क्यों रोते हो? आत्मन सर्व समान है।

आत्मन का कोई उद्देश्य, लक्ष्य या कारण नहीं है। यही बस है। मन को एक उद्देश्य की आवश्यकता होती है और वह मनमाना बना लेता है।

इह सर्वसमं खलु जीव इति
इह सर्वनिरन्तरजीव इति।
इह केवलनिश्चलजीव इति
किमु रोदिषि मानसि सर्वसमम्।।१७।।

यहाँ सब कुछ समान रूप से जीवन है। निश्चय ही यहाँ सब कुछ जीवन है जो अभिन्न है। यहाँ केवल जीवन है जो शुद्ध है। हे मन क्यों रोते हो? आत्मन सर्व समान है।

कोई जड़ या निर्जीव चीजें नहीं हैं, सब कुछ आत्मन में प्रकाशित है। केवल इतना कि कुछ रचनाएँ इसे अधिक स्पष्ट और सक्रिय रूप से व्यक्त करती हैं। जीवन ही जीवन है अनंत जीवन मात्र है।

अविवेकविवेकमबोध इति
अविकल्पविकल्पमबोध इति।

यदि चैकनिरन्तरबोध इति

किमु रोदिषि मानसि सर्वसमम्।।१८।।

इसे विवेक और अविवेक दोनों के रूप में जाना जाता है। इसे अज्ञान और ज्ञान दोनों के रूप में जाना जाता है। यदि यह अविभाज्य ज्ञान है, हे मन क्यों रोते हो? आत्मन सर्व समान है।

कोई टिप्पणी नहीं।

न हि मोक्षपदं न हि बन्धपदं

न हि पुण्यपदं न हि पापपदम्।

न हि पूर्णपदं न हि रिक्तपदं

किमु रोदिषि मानसि सर्वसमम्।।१९।।

मुक्ति या बंधन की कोई अवस्था नहीं है। सही आचरण या गलत आचरण नहीं है। पूर्णता या अपूर्णता नहीं है। हे मन क्यों रोते हो? आत्मन सर्व समान है।

कोई टिप्पणी नहीं।

यदि वर्णविवर्णविहीनसमं

यदि कारणकार्यविहीनसमम्।

यदि भेदविभेदविहीनसमं

किमु रोदिषि मानसि सर्वसमम्।।२०।।

यदि मैं समान हूँ, जातियुक्त और जाति-रहित हूँ, यदि मैं समान हूँ, कारणों और प्रभावों से मुक्त हूँ, यदि मैं समान हूँ, विभाजन और योग से मुक्त हूँ, हे मन क्यों रोते हो? आत्मन सर्व समान है।

कोई टिप्पणी नहीं।

इह सर्वनिरन्तरसर्वचिते

इह केवलनिश्चलसर्वचिते।

दिवपदादिविवर्जितसर्वचिते

किमु रोदिषि मानसि सर्वसमम्।।२१।।

सभी चित अखंड और अविभाजित हैं। यहां सभी चित शुद्ध हैं। यहाँ कोई पुरुष नहीं है, द्वैत विहीन सब कुछ चित है। हे मन क्यों रोते हो? आत्मन सर्व समान है।

यहां तक कि चित भी एक सम्पूर्णता हैं - विश्वचित। सभी अनुभव चित के हैं, या मानसिक हैं। कुछ चीजें भौतिक लगती हैं और पदार्थ से बनी प्रतीत होती हैं, जो इंद्रियों के कारण है।

अतिसर्वनिरन्तरसर्वगतं

अतिनिर्मलनिश्चलसर्वगतम्।

दिनरात्रिविवर्जितसर्वगतं

किमु रोदिषि मानसि सर्वसमम्।।२२।।

यह सबसे ऊपर है, अविभाज्य, सर्वव्यापी। यह शुद्धतम और निर्दोष सर्वव्यापी है। यहाँ न दिन है न रात है। हे मन क्यों रोते हो? आत्मन सर्व समान है।

कोई टिप्पणी नहीं।

न हि बन्धविबन्धसमागमनं

न हि योगवियोगसमागमनम्।

न हि तर्कवितर्कसमागमनं

किमु रोदिषि मानसि सर्वसमम्।।२३।।

यह मुक्ति और बंधन का मिलन नहीं है। यह योग-वियोग का मिलन नहीं है। यह वितर्क और तर्क का मिलन नहीं है। हे मन क्यों रोते हो? आत्मन सर्व समान है।

द्वैत गुणों से पूर्ण होकर भी आत्मन निर्गुण है, उनका मिश्रण नहीं है।

इह कालविकालनिराकरणं

अणुमात्रकृशानुनिराकरणम्।

न हि केवलसत्यनिराकरणं

किमु रोदिषि मानसि सर्वसमम्।।२४।।

यहाँ समय और समयहीनता नहीं है। यहां परमाणु और अणु नहीं हैं। यहां केवल परम सत्य है। हे मन क्यों रोते हो? आत्मन सर्व समान है।

कोई टिप्पणी नहीं।

इह देहविदेहविहीन इति

ननु स्वप्नसुषुप्तिविहीनपरम्।

अभिधानविधानविहीनपरं

किमु रोदिषि मानसि सर्वसमम्।।२५।।

यहाँ कोई शरीर या अवतरण नहीं है। न कोई स्वप्न है न गहरी नींद। इस परम का कोई नाम और उपाधि नहीं है। हे मन क्यों रोते हो? आत्मन सर्व समान है।

कोई टिप्पणी नहीं।

गगनोपमशुद्धविशालसमं

अतिसर्वविवर्जितसर्वसमम्।

गतसारविसारविकारसमं

किमु रोदिषि मानसि सर्वसमम्।।२६।।

• 61 •

गगन की तरह, यह सर्वव्यापी, शुद्ध और विशाल है। इसमें हर चीज की उपस्थिति और अनुपस्थिति है। इसमें आवश्यक अनावश्यक सब कुछ है। हे मन क्यों रोते हो? आत्मन सर्व समान है।

कोई टिप्पणी नहीं।

इह धर्मविधर्मविरागतर
मिह वस्तुविवस्तुविरागतरम्।
इह कामविकामविरागतरं
किमु रोदिषि मानसि सर्वसमम्।।२७।।

यहाँ सही आचरण और गलत आचरण से वैराग्य है। यहां वस्तुओं और वस्तुहीनता से वैराग्य है। यहाँ इच्छा और अनिच्छा से वैराग्य है। हे मन क्यों रोते हो? आत्मन सर्व समान है।

कोई टिप्पणी नहीं।

सुखदुःखविवर्जितसर्वसम
मिह शोकविशोकविहीनपरम्।
गुरुशिष्यविवर्जिततत्त्वपरं
किमु रोदिषि मानसि सर्वसमम्।।२८।।

यह सब कुछ समान रूप से है, सुख और दुख से मुक्त है। यह परम है, शोकाशोक से मुक्त है। वह परम है, कोई गुरु और शिष्य नहीं है। हे मन क्यों रोते हो? आत्मन सर्व समान है।

कोई टिप्पणी नहीं।

न किलाङ्कुरसारविसार इति
न चलाचलसाम्यविसाम्यमिति।
अविचारविचारविहीनमिति
किमु रोदिषि मानसि सर्वसमम्।।२९।।

यह निश्चित रूप से बीज नहीं है। यह सार और विवरण नहीं है। यह जीवित और मृत नहीं है। यह समान या भिन्न नहीं है। यह आत्मनिरीक्षण या विचार की अनुपस्थिति नहीं है। हे मन क्यों रोते हो? आत्मन सर्व समान है।

कोई टिप्पणी नहीं।

इह सारसमुच्चयसारमिति
कथितं निजभावविभेद इति।
विषये करणत्वमसत्यमिति
किमु रोदिषि मानसि सर्वसमम्।।३०।।

इसे सभी तत्वों के सार के रूप में जाना जाता है। मैं स्वयं में भेद कैसे कर सकता हूँ? यह सच नहीं है कि आप वस्तुओं के बोध के उपकरण हैं। हे मन क्यों रोते हो? आत्मन सर्व समान है।

कोई टिप्पणी नहीं।

बहुधा श्रुतयः प्रवदन्ति यतो

वियदादिरिदं मृगतोयसमम्।

यदि चैकनिरन्तरसर्वसमं

किमु रोदिषि मानसि सर्वसमम्।।३१।।

जैसा कि शास्त्र कहते हैं - अस्तित्व एक मृगतृष्णा की तरह है। यदि यह सर्वत्र समान और शाश्वत है, हे मन क्यों रोते हो? आत्मन सर्व समान है।

कोई टिप्पणी नहीं।

विन्दति विन्दति न हि न हि यत्र

छन्दोलक्षणं न हि न हि तत्र।

समरसमग्नो भावितपूतः

प्रलपति तत्त्वं परमवधूतः।।३२।।

जहां ज्ञान नहीं वहां श्लोक नहीं जाते। मैं संसारी हूं और मैं त्यागी हूं। मैंने परम सत्य कह दिया है।

कोई टिप्पणी नहीं।

इति पञ्चमोध्यायः ।। ५।।

6

अध्याय ६

अथ षष्ठमोऽध्यायः ।।

अवधूत उवाच

बहुधा श्रुतयः प्रवदन्ति वयं
वियदादिरिदं मृगतोयसमम्।
यदि चैकनिरन्तरसर्वशिवं
मुपमेयमथोह्युपमा च कथम्।।१।।

जैसा कि शास्त्र कई तरह से कहते हैं, प्रकट ब्रह्मांड एक मृगतृष्णा की तरह है।
यदि सब कुछ एक शाश्वत आत्मन है, तो तुलना और उपमा कैसे हो सकती है?

कोई टिप्पणी नहीं।

अविभक्तिविभक्तिविहीनपरं
ननु कार्यविकार्यविहीनपरम्।
यदि चैकनिरन्तरसर्वशिवं
यजनं च कथं तपनं च कथम्।।२।।

अंततः यह विभाजनों और अविभाजनों से मुक्त है, अंततः यह गतिविधि और
विश्राम से मुक्त है। यदि सब कुछ एक शाश्वत आत्मन है, तो पूजा और तप कैसे
हो सकता है?

कोई टिप्पणी नहीं।

मन एव निरन्तरसर्वगतं
ह्यविशालविशालविहीनपरम्।
मन एव निरन्तरसर्वशिवं
मनसापि कथं वचसा च कथम्।।३।।

यह वह मन है जो सदा सर्वव्यापी है। अंततः यह छोटा नहीं बड़ा होता है। मन और कुछ नहीं बल्कि शाश्वत आत्मन है। इसे विचार और वाणी के माध्यम से कैसे व्यक्त किया जा सकता है?

कोई टिप्पणी नहीं।

दिनरात्रिविभेदनिराकरण

मुदितानुदितस्य निराकरणम्।

यदि चैकनिरन्तरसर्वशिवं

रविचन्द्रमसौ ज्वलनश्च कथम्।।४।।

यह दिन और रात के भेद के बिना है। यह उदय और अस्त होने के भेद के बिना है। यदि सब कुछ एक शाश्वत आत्मन है, तो सूर्य, चंद्रमा और अग्नि कैसे हो सकते हैं?

कोई टिप्पणी नहीं।

गतकामविकामविभेद इति

गतचेष्टविचेष्टविभेद इति।

यदि चैकनिरन्तरसर्वशिवं

बहिरन्तरभिन्नमतिश्च कथम्।।५।।

यह इच्छा और संतुष्टि के अंतर से परे है। यह प्रयास और प्रयासहीन के अंतर से परे है। अगर सब कुछ एक शाश्वत आत्मन है, तो आंतरिक या बाहरी के भेद कैसे हो सकते हैं?

कोई टिप्पणी नहीं।

यदि सारविसारविहीन इति

यदि शून्यविशून्यविहीन इति।

यदि चैकनिरन्तरसर्वशिवं

प्रथमं च कथं चरमं च कथम्।।६।।

यदि यह सार और विवरण से रहित है, यदि यह शून्य और अशून्य से रहित है, यदि सब कुछ एक शाश्वत आत्मन है, तो आदि और अंत कैसे हो सकता है?

कोई टिप्पणी नहीं।

यदि भेदविभेदनिराकरणं

यदि वेदकवेद्यनिराकरणम्।

यदि चैकनिरन्तरसर्वशिवं

तृतीयं च कथं तुरीयं च कथम्।।७।।

यदि भेद और समानता नहीं है, ज्ञाता और ज्ञेय का भेद नहीं है, यदि सब कुछ एक शाश्वत आत्मन है, तो तीसरा या चौथा कैसे हो सकता है?

तीसरा - अवस्थात्रय , चौथा - तुर्यावस्था

गदितागदितं न हि सत्यमिति

विदिताविदितं न हि सत्यमिति।

यदि चैकनिरन्तरसर्वशिवं

विषयेन्द्रियबुद्धिमनांसि कथम्।।८।।

कहा और अनकहा सत्य नहीं है। ज्ञात और अज्ञात सत्य नहीं हैं। यदि सब कुछ एक शाश्वत आत्मन है, तो विषय, इंद्रियां, बुद्धि और मन कैसे हो सकते हैं?

कोई टिप्पणी नहीं।

गगनं पवनो न हि सत्यमिति

धरणी दहनो न हि सत्यमिति।

यदि चैकनिरन्तरसर्वशिवं

जलदश्च कथं सलिलं च कथम्।।९।।

आकाश और वायु सत्य नहीं हैं। पृथ्वी और अग्नि सत्य नहीं हैं। अगर सब कुछ एक शाश्वत आत्मन है, तो बादल या पानी कैसे हो सकता है?

कोई टिप्पणी नहीं।

यदि कल्पितलोकनिराकरणं

यदि कल्पितदेवनिराकरणम्।

यदि चैकनिरन्तरसर्वशिवं

गुणदोषविचारमतिश्च कथम्।।१०।।

यदि कल्पना और लोक में कोई भेद नहीं है। यदि कल्पना और देवताओं में कोई भेद नहीं है। यदि सब कुछ एक शाश्वत आत्मन है, तो गुणों और दोषों का भेदभाव कैसे हो सकता है?

कोई टिप्पणी नहीं।

मरणामरणं हि निरावरणं

करणाकरणं हि निराकरणम्।

यदि चैकनिरन्तरसर्वशिवं

गमनागमनं हि कथं वदति।।११।।

जीवन और मृत्यु में कोई भेद नहीं है। कर्म और अकर्म में कोई भेद नहीं है। यदि सब कुछ एक शाश्वत आत्मन है, तो आवागमन कैसे हो सकता है?

कोई टिप्पणी नहीं।

प्रकृतिः पुरुषो न हि भेद इति
न हि कारणकार्यविभेद इति।
यदि चैकनिरन्तरसर्वशिवं
पुरुषापुरुषं च कथं वदति।।१२।।

पुरुष और प्रकृति में कोई अंतर नहीं है। कारण और प्रभाव में कोई अंतर नहीं है। यदि सब कुछ एक शाश्वत आत्मन है, तो मैं पुरुष या अपुरुष के बारे में कैसे कह सकता हूं?

कोई टिप्पणी नहीं।

तृतीयां न हि दुःखसमागमनं
न गुणादि‍द्वतीयस्य समागमनम्।
यदि चैकनिरन्तरसर्वशिवं
स्थविरश्च युवा च शिशुश्च कथम्।।१३।।

तीसरे प्रकार का दुख उत्पन्न नहीं होता। दूसरे प्रकार की गुणवत्ता उत्पन्न नहीं होती है। यदि सब कुछ एक शाश्वत आत्मन है, तो वृद्धावस्था, युवावस्था और शैशवावस्था कैसे हो सकती है?

कोई टिप्पणी नहीं।

ननु आश्रमवर्णविहीनपरं
ननु कारणकर्तृविहीनपरम्।
यदि चैकनिरन्तरसर्वशिवं
मविनष्टविनष्टमतिश्च कथम्।।१४।।

इसमें कोई जाति या आश्रम व्यवस्था नहीं है। इसमें अन्ततः कोई कारण या कर्ता नहीं है। यदि सब कुछ एक शाश्वत आत्मन है, तो विनाशकारी और अविनाशी के बीच भेद कैसे हो सकता है?

आश्रम व्यवस्था - शास्त्रोक्त चार प्रकार की जीवन अवस्थाएं

ग्रसिताग्रसितं च वितथ्यमिति
जनिताजनितं च वितथ्यमिति।
यदि चैकनिरन्तरसर्वशिवं
मविनाशि विनाशि कथं हि भवेत्।।१५।।

निगला और न निगला दोनों झूठे हैं। जन्म और अजन्मा दोनों झूठे हैं। अगर सब कुछ एक शाश्वत आत्मन है, तो विनाश और सृजन कैसे हो सकता है?

निगला - मृत।

पुरुषापुरुषस्य विनष्टमिति

वनितावनितस्य विनष्टमिति।
यदि चैकनिरन्तरसर्वशिवं
मविनोदविनोदमतिश्च कथम्।।१६।।

पुरुषत्व और अपुरुषत्व इसमें नहीं हैं। इसमें स्त्रीतत्व और अस्त्रीतत्व नहीं हैं। यदि सब कुछ एक शाश्वत आत्मन है, तो सुख-दुःख का भेद कैसे हो सकता है?

आत्मन शिव-शक्ति युगल का पुरुषतत्व नहीं है, न ही यह स्त्रीलिंग है। यह एक है और यह दोनों है।

यदि मोहविषादविहीनपरो
यदि संशयशोकविहीनपरः।
यदि चैकनिरन्तरसर्वशिवं
महमेति ममेति कथं च पुनः।।१७।।

यदि यह अंततः लगाव और दुख से रहित है, अगर यह अंततः संदेह और शोक से रहित है, अगर सब कुछ एक शाश्वत आत्मन है, तो मैं और मेरा कैसे हो सकता है?

कोई टिप्पणी नहीं।

ननु धर्मविधर्मविनाश इति
ननु बन्धविबन्धविनाश इति।
यदि चैकनिरन्तरसर्वशिवं
मिहदुःखविदुःखमतिश्च कथम्।।१८।।

यह सही आचरण या गलत आचरण का नाश करने वाला नहीं है। यह बंधन और अबंधन का नाश करने वाला नहीं है। यदि सब कुछ एक शाश्वत आत्मन है, तो दुख या सुख कैसे हो सकता है?

कोई टिप्पणी नहीं।

हि याज्ञिकयज्ञविभाग इति
न हुताशनवस्तुविभाग इति।
यदि चैकनिरन्तरसर्वशिवं
वद कर्मफलानि भवन्ति कथम्।।१९।।

यज्ञ के कर्मकांडों और कर्मकांडों के संवाहकों में कोई भेद नहीं है। अग्नि में यज्ञ और अर्पण का कोई भेद नहीं है। यदि सब कुछ एक शाश्वत आत्मन है, तो कर्मों के परिणाम कैसे हो सकते हैं?

कोई टिप्पणी नहीं।

ननु शोकविशोकविमुक्त इति

ननु दर्पविदर्पविमुक्त इति।
यदि चैकनिरन्तरसर्वशिवं
ननु रागविरागमतिश्च कथम्।।२०।।

यह दुख और आनंद से मुक्त है यह गर्व और नम्रता से मुक्त है। यदि सब कुछ एक शाश्वत आत्मन है, तो आसक्ति और वैराग्य कैसे हो सकता है?

कोई टिप्पणी नहीं।

न हि मोहविमोहविकार इति
न हि लोभविलोभविकार इति।
यदि चैकनिरन्तरसर्वशिवं
ह्यविवेकविवेकमतिश्च कथम्।।२१।।

अनासक्ति और आसक्ति भाव इसमें नहीं उठते। उसमें लोभ और संतोष उत्पन्न नहीं होता। अगर सब कुछ एक शाश्वत आत्मन है, तो विवेक और अविवेक कैसे हो सकता है?

कोई टिप्पणी नहीं।

त्वमहं न हि हन्त कदाचिदपि
कुलजातिविचारमसत्यमिति।
अहमेव शिवः परमार्थ इति
अभिवादनमत्र करोमि कथम्।।२२।।

आप और मैं कभी अलग नहीं थे। परिवार और जाति सत्य नहीं है। यह परम सत्य है कि मैं आत्मन हूं। मैं किसकी पूजा कर सकता हूं?

अलगाव एक भ्रम है, एक लीला है। हम सब केवल आत्मन के रूप हैं।

गुरुशिष्यविचारविशीर्ण इति
उपदेशविचारविशीर्ण इति।
अहमेव शिवः परमार्थ इति
अभिवादनमत्र करोमि कथम्।।२३।।

इसमें गुरु और छात्र का भेद मिट जाता है। विद्या भी लुप्त हो जाती है। यह परम सत्य है कि मैं आत्मन हूं, मैं किसकी पूजा कर सकता हूं?

गुरु और शिष्य - दोनों शुद्ध आत्मन हैं। गुरु में आत्मन छात्र की तुलना में अलग/बेहतर प्रकार का नहीं होता है। यह एक ही है।

न हि कल्पितदेहविभाग इति
न हि कल्पितलोकविभाग इति।
अहमेव शिवः परमार्थ इति

अभिवादनमत्र करोमि कथम्।।२४।।

कल्पना और शरीर में कोई अंतर नहीं है। कल्पना और लोकों में कोई अंतर नहीं है। यह परम सत्य है कि मैं आत्मन हूं, मैं किसकी पूजा कर सकता हूं?

कोई टिप्पणी नहीं।

सरजो विरजो न कदाचिदपि

ननु निर्मलनिश्चलशुद्ध इति।

अहमेव शिवः परमार्थ इति

अभिवादनमत्र करोमि कथम्।।२५।।

मैं कभी रजस और रजहीन नहीं था। मैं शुद्ध निर्दोष और निष्कलंक हूं। यह परम सत्य है कि मैं आत्मन हूं, मैं किसकी पूजा कर सकता हूं?

कोई टिप्पणी नहीं।

न हि देहविदेहविकल्प इति

अनृतं चरितं न हि सत्यमिति।

अहमेव शिवः परमार्थ इति

अभिवादनमत्र करोमि कथम्।।२६।।

देहधारी और विदेह का भेद नहीं है। अनैतिक और नैतिक सत्य नहीं हैं। यह परम सत्य है कि मैं आत्मन हूं, मैं किसकी पूजा कर सकता हूं?

कोई टिप्पणी नहीं।

विन्दति विन्दति न हि न हि यत्र

छन्दोलक्षणं न हि न हि तत्र।

समरसमग्नो भावितपूतः

प्रलपति तत्त्वं परमवधूतः।।२७।।

जहां ज्ञान नहीं वहां श्लोक नहीं जाते। मैं संसारी हूं और मैं त्यागी हूं। मैंने परम सत्य बोल दिया है।

कोई टिप्पणी नहीं।

इति षष्ठमोऽध्याय. ।। ६।।

7

अध्याय ७

अथ सप्तमोऽध्यायः ।।
अवधूत उवाच
रथ्याकर्पटविरचितकन्थः
पुण्यापुण्यविवर्जितपन्थः।
शून्यागारे तिष्ठति नग्नो
शुद्धनिरञ्जनसमरसमग्नः।।१।।

सड़कों पर फेंके गए अस्वीकृत कपड़ों में, वह अच्छे-बुरे कर्म से मुक्त, अपने मार्ग का अनुसरण करता है। वह एक खाली आवास में नग्न बैठता है, शुद्ध निरंजन शाश्वत में लीन है।

एक त्यागी की विशेषताओं का वर्णन किया जा रहा है, विशेष रूप से अवधूत संप्रदाय का।

लक्ष्यालक्ष्यविवर्जितलक्ष्यो
युक्तायुक्तविवर्जितदक्षः।
केवलतत्त्वनिरञ्जनपूतो
वादविवादः कथमवधूतः।।२।।

लक्ष्य रहित लक्ष्य रखते हुए, कौशल रहित कौशल के साथ, वह केवल शुद्ध सत्य जानता है। अवधूत तर्क-वितर्क में कैसे संलग्न हो सकता है?

किसी भी तरह का तर्क-वितर्क वाद-विवाद, दोनों पक्षों में अज्ञानता का प्रतीक है। बुद्धिमान मौन होता है।

आशापाशविबन्धनमुक्ताः
शौचाचारविवर्जितयुक्ताः।

एवं सर्वविवर्जितसन्त

स्तत्त्वं शुद्धनिरञ्जनवन्तः।।३।।

आशा की बेड़िओं से मुक्त। शिष्टाचार और शुद्धि से रहित। सब कुछ त्याग कर वह शान्त हो जाता है। वह सत्य बन जाता है - शुद्ध और निर्मल।

कोई टिप्पणी नहीं।

कथमिह देहविदेहविचारः

कथमिह रागविरागविचारः।

निर्मलनिश्चलगगनाकारं

स्वयमिह तत्त्वं सहजाकारम्।।४।।

देह या विदेह कैसे हो सकते हैं? आसक्ति और वैराग्य कैसे हो सकते हैं? वह आकाश के समान है - शुद्ध और निर्दोष। वह स्वयं सहज सत्य है।

कोई टिप्पणी नहीं।

कथमिह तत्त्वं विन्दति यत्र

रूपमरूपं कथमिह तत्र।

गगनाकारः परमो यत्र

विषयीकरणं कथमिह तत्र।।५।।

जहाँ सत्य जाना गया है, वहाँ रूप और अरूप कैसे हो सकता है। यदि परम आकाश के समान है, तो वस्तु कैसे हो सकता है?

कोई टिप्पणी नहीं।

गगनाकारनिरन्तरहंस

स्तत्त्वविशुद्धनिरञ्जनहंसः।

एवं कथमिह भिन्नविभिन्नं

बन्धविबन्धविकारविभिन्नम्।।६।।

हंस आकाश की तरह शाश्वत है। हंस स्पष्ट और निरंजन सत्य है। मतभेद या मुक्ति और विभाजन कैसे हो सकते हैं?

हंस आत्मन का प्रतीक माना जाता है। यह शुद्ध सफेद है, बेदाग है, पानी या कीचड़ इसे छूता नहीं है, और यह मुक्त स्वछन्द है।

केवलतत्त्वनिरन्तरसर्व

योगवियोगौ कथमिह गर्वम्।

एवं परमनिरन्तरसर्व

मेवं कथमिह सारविसारम्।।७।।

सब कुछ एक शाश्वत सत्य है। योग वियोग अभिमान आदि कैसे हो सकता है? उसमें सब कुछ अंततः शाश्वत है। कोई पदार्थ या अपदार्थ कैसे हो सकता है?

कोई टिप्पणी नहीं।

केवलतत्त्वनिरञ्जनसर्वं

गगनाकारनिरन्तरशुद्धम्।

एवं कथमिह सङ्गविसङ्गं

सत्यं कथमिह रङ्गविरङ्गम्।।८।।

सब कुछ एक शाश्वत सत्य है। यह आकाश की तरह शुद्ध और शाश्वत है। संगति और वियोग कैसे हो सकता है? संबंध और असंबंध सत्य कैसे हो सकते हैं?

कोई टिप्पणी नहीं।

योगवियोगै रहितो योगी

भोगविभोगै रहितो भोगी।

एवं चरति हि मन्दं मन्दं

मनसा कल्पितसहजानन्दम्।।९।।

योगी योग-वियोग से रहित है। भोगी भोग या उसके अभाव से रहित होता है। वह आराम से घूमता है। उसका मन सहज आनंद से भर जाता है।

कोई टिप्पणी नहीं।

बोधविबोधैः सततं युक्तो

द्वैताद्वैतैः कथमिह मुक्तः।

सहजो विरजः कथमिह योगी

शुद्धनिरञ्जनसमरसभोगी।।१०।।

जो सदा ज्ञान और अज्ञान में रहता है, वह द्वैत और अद्वैत से कैसे मुक्त हो सकता है? योगी स्वभावतः विरक्त कैसे होता है ? - शुद्ध नित्य शाश्वत आनंद का भोक्ता बनकर।

कोई टिप्पणी नहीं।

भग्नाभग्नविवर्जितभग्नो

लग्नालग्नविवर्जितलग्नः।

एवं कथमिह सारविसारः

समरसतत्त्वं गगनाकारः।।११।।

विनाशक विनाश और विनाश से मुक्त है। शुभ और अशुभ से मुक्त है। पदार्थ या अपदार्थ कैसे हो सकता है? आनंदमय सत्य आकाश की तरह है।

कोई टिप्पणी नहीं।

सततं सर्वविवर्जितयुक्तः
सर्व तत्वविवर्जितमुक्तः।
एवं कथमिह जीवितमरणं
ध्यानाध्यानैः कथमिह करणम्।।१२।।

सदा के लिए सभी से मुक्ति पाना, सभी से मुक्त होना, सत्य को जान लेना, यहां जीवन और मृत्यु कैसे हो सकती है? ध्यान या उसके अभाव का कोई परिणाम कैसे हो सकता है?

कोई टिप्पणी नहीं।

इन्द्रजालमिदं सर्वं यथा मरुमरीचिका।
अखण्डितमनाकारो वर्तते केवलः शिवः।।१३।।

यह इंद्रजाल मरुस्थल में मृगतृष्णा की तरह भ्रमपूर्ण है। अखंड और निराकार ही आत्मन का ही अस्तित्व है।

यह इस गीता का सार है। इंद्रजाल - इन्द्रीओं द्वारा निर्मित मायावी अनुभव जिसमे ये जीव अज्ञानवश फंसा है।

धर्मादौ मोक्षपर्यन्तं निरीहाः सर्वथा वयम्।
कथं रागविरागैश्च कल्पयन्ति विपश्चितः।।१४।।

हम सही आचरण से लेकर मुक्ति प्राप्ति तक, हर चीज के प्रति पूरी तरह उदासीन हैं। तो फिर, जो ज्ञान का दावा करते हैं, वे आसक्ति या वैराग्य की कल्पना कैसे कर सकते हैं?

कोई टिप्पणी नहीं।

विन्दति विन्दति न हि न हि यत्र
छन्दोलक्षणं न हि न हि तत्र।
समरसमग्नो भावितपूतः
प्रलपति तत्त्वं परमवधूतः।।१५।।

जहां ज्ञान नहीं वहां श्लोक नहीं जाते। मैं संसारी हूं और मैं त्यागी हूं। मैंने परम सत्य बोल दिया है।

कोई टिप्पणी नहीं।

इति सप्तमोऽध्यायः ।। ७।।

8

अध्याय ८

अथ अष्टमोऽध्यायः ।।

अवधूत उवाच

त्वद्यात्रया व्यापकता हता ते

ध्यानेन चेतः परता हता ते।

स्तुत्या मया वाक्परता हता ते

क्षमस्व नित्यं त्रिविधापराधान्।।१।।

तीर्थयात्रा करने से आपकी सर्वव्यापीता के तथ्य का नाश हो जाता है। ध्यान करने से मन से परे होने का तथ्य नष्ट हो जाता है। स्तुति करने से वाणी से परे होने का तथ्य नष्ट हो जाता है। कृपया मेरी इन तीन त्रुटियों को क्षमा करें।

लोग विशेष स्थानों में परम सत्य को खोजने का प्रयास करते हैं, या ध्यान या नशीली दवाओं के माध्यम से चित्त की विचित्र अवस्थाओं में जाने का प्रयत्न करते हैं, या काल्पनिक शक्तिओं के लिए प्रशंसा और गीत गाने जैसी गलतियाँ करते हैं। जबकि सत्य यहीं और अभी है, तुम वह हो। जान लो कि तुम सदा सत्य ही हो, कुछ करने या न करने से नहीं होवोगे।

कामैरहतधीर्दान्तो मृदुः शुचिरकिञ्चनः।

अनीहो मितभुक् शान्तः स्थिरो मच्छरणो मुनिः।।२।।

ऋषि वह है जो वासनाओं से रहित है, इंद्रियों पर नियंत्रण रखता है, कोमल है, शुद्ध है, मितव्ययी है, जमा नहीं करता, उदासीन है, बहुत कम खाता है, शांत है, स्थिर है और मेरी शरण में है।

ये और अन्य गुण जो आगे वर्णित हैं, सत्य के ज्ञान का एक स्वाभाविक परिणाम हैं।

अप्रमत्तो गभीरात्मा धृतिमान् जितषड्गुणः।
अमानी मानदः कल्पो मैत्रः कारुणिकः कविः।।३।।

ऋषि वह है जो बुद्धिमान, साहसी, जागरूक है, छहों को जीत लिया है, अभिमानी नहीं है, सभी का सम्मान करता है, सक्षम, दयालु और मिलनसार है।

छह - पांच इंद्रियां और अहंकार। मस्तिष्क में संवेदी प्रक्रियाओं को अक्सर छठी इंद्रिय के रूप में माना जाता है।

कृपालुरकृतद्रोहस्तितिक्षुः सर्वदेहिनाम्।
सत्यसारोऽनवद्यात्मा समः सर्वोपकारकः।।४।।

एक साधु वह है जो दयालु, अहिंसक, सत्यवादी, सहनशील, सबके साथ समान व्यवहार करने वाला, सबकी सहायता करने वाला और सत्य का सार है।

कोई टिप्पणी नहीं।

अवधूतूलक्षणं वर्णैर्ज्ञातव्यं भगवत्तमैः।
वेदवर्णार्थतत्त्व नैर्वेदवेदान्तवादिभिः।।५।।

अवधूत के गुणों को भक्ति मार्ग में सभी को, सभी जातियों को, वेदों के सत्य को जानने वाले और वेदांत के शिक्षकों को जानना चाहिए।

कोई टिप्पणी नहीं।

आशापाशविनिर्मुक्त आदिमध्यान्तनिर्मलः।
आनन्दे वर्तते नित्यमकारं तस्य लक्षणम्।।६।।

अवधूत शब्द में अक्षर अ यह दर्शाता है कि ऐसा व्यक्ति आशा और निराशा के पाश से मुक्त है, आदि, मध्य और अंत से, और उसका गुण आनंद अवस्था में उसका निरंतर निवास है।

कोई टिप्पणी नहीं।

वासना वर्जिता येन वक्तव्यं च निरामयम्।
वर्तमानेषु वर्तेत वकारं तस्य लक्षणम्।।७।।

व अक्षर का अर्थ है कि वह सभी वासनाओं से मुक्त है और उसकी वाणी शुद्ध है। वह वर्तमान क्षण में रहता है।

कोई टिप्पणी नहीं।

धूलिधूसरगात्राणि धूतचित्तो निरामयः।
धारणाध्याननिर्मुक्तो धूकारस्तस्य लक्षणम्।।८।।

अक्षर धू का अर्थ है कि उसका शरीर धूल और राख से ढका हुआ है, वह शरीर और मन के कष्टों से मुक्त है। वह अब धारणा और ध्यान की प्रथाओं से परे है।

कोई टिप्पणी नहीं।

तत्त्वचिन्ता धृता येन चिन्ताचेष्टाविवर्जितः।
तमोऽहंकारनिर्मुक्तस्तकारस्तस्य लक्षणम्।।९।।

अक्षर त यह दर्शाता है कि वह तत्व विचार में निरंतर लीन है और अन्य सभी विचारों और प्रयासों से मुक्त है। वह तमस, अंधकार या जड़ता से मुक्त और अहंकार से मुक्त है।

कोई टिप्पणी नहीं।

दत्तात्रेयावधूतेन निर्मितानन्दरूपिणा।
ये पठन्ति च शृण्वन्ति तेषां नैव पुनर्भवः।।१०।।

यह गीत दत्तात्रेय अवधूत द्वारा रचित है, जो स्वभाव से शुद्ध आनंद हैं। इसे पढ़ने या सुनने वालों का फिर कभी जन्म नहीं होगा।

जिस साधक का लक्ष्य जन्म-चक्र से मुक्ति है, उसके लिए यह वरदान है।

यहां जो शब्द आप सुनते या पढ़ते हैं, वे मन में बीज बन जाएंगे, और सही समय आने पर फूलेंगे। ज्ञान शक्तिशाली है। एक बार सीख लेने के बाद इसे कभी नहीं भुलाया जाता है, यह आपके बिना कोई प्रयास किए पृष्ठभूमि में काम करता है।

यह जादुई नहीं है, यह चित के परिपक्व होने की एक प्राकृतिक प्रक्रिया है। कुछ समय की बात है। यद्यपि, इन शिक्षाओं को व्यवहार में लाने से विकास की इस प्रक्रिया में बहुत तेजी आएगी।

इति अष्टमोऽध्यायः।। ८।।
।। इति अवधूतगीता समाप्तः ।।
इति अवधूतगीता।

गुरुर्ब्रह्मा गुरुर्विष्णुर्गुरुर्देवो महेश्वरः
गुरुर्साक्षात परब्रह्म तस्मै श्री गुरुवे नमः ।।

• 79 •

www.ingramcontent.com/pod-product-compliance
Lightning Source LLC
Chambersburg PA
CBHW071352130726
47996CB00002B/889